머리말

문해력은 축구에서 발로 공을 차는 것

초등 교육에서 가장 기본적으로 길러야 하는 능력 중 하나가 문해력이에요. 문해력은 평생 교육을 좌우한다고 할 만큼 중요하답니다.

문해력은 글을 읽고 이해하는 능력이에요. 글을 읽을 때는, 중심이 되는 주제가 무엇인지, 이야기가 어떻게 전개됐는지, 이야기하는 바가 무엇인지를 제대로 이해할 수 있어야 해요. 그래야 지혜와 지식을 얻고, 방법을 알고, 내일을 향한 길을 열어 갈 수 있답니다.

문해력을 축구와 비교해 볼까요?

축구는 기본적으로 발로 공을 차서 점수를 내는 운동 경기예요. 드리블, 패스, 센터링, 슈팅, 헤딩 등 여러 가지 기술을 익혀야 하지요. 하지만 발로 공을 못 찬다면 아무리 다른 기술이 뛰어나도 훌륭한 축구 선수가 될 수 없어요. 이때 '발로 공을 차는 행위'가 바로 '문해력'이라고 할 수 있어요. 무엇보다 먼저 발로 공을 찰 수 있어야 패스를 하고, 드리블을 하고, 슈팅을 할 수 있답니다.

문해력은 반드시 초등 저학년 때 기초를 길러야 해요. 축구 선수가 되려면 어려서부터 차근차근 단계를 밟아 체력을 기르고, 기본기를 갈고닦고, 여러 가지

기술을 익히는 것처럼요. 그런 다음에야 세계 최고의 선수들이 모여드는 빅리그에 진출할 수 있지요.

  이와 마찬가지로 초등 저학년 때 문해력을 탄탄히 길러야 읽고 말하고 듣고 쓰는 능력은 물론, 고학년을 대비한 학습 능력을 키울 수 있어요. 그리고 더 나아가 자기 생각을 논리적으로 정리하고, 다른 사람들과 소통하는 능력도 키울 수 있답니다.

  이 책에서는 45가지 주제의 글을 읽으면서 문해력을 키우는 연습을 할 수 있어요. 글이 어렵지 않기 때문에 누구의 도움 없이 스스로 학습할 수 있지요. 하루에 한 장씩 풀어 가다 보면 글을 읽고 이해하는 힘이 부쩍 늘어나는 것을 확인할 수 있을 거예요.

  문해력이 뛰어나면 학습 효과를 최대로 끌어올릴 수 있어요. 그 성과를 바탕으로 여러분이 꿈꾸는 빅리그를 향해 앞으로 나아가기 바랍니다.

목차

머리말 · 4
이 책의 활용법 · 8

역사

01 처음 나라를 연, 단군 · 10
02 주몽의 탄생과 건국 · 12
03 백제를 세운 온조 · 14
04 혁거세와 알영의 탄생 · 16
05 수로왕과 여섯 가야 · 18
쑥쑥 쏙쏙 문해력 완성 1 **가로세로 낱말퍼즐** · 20

풍습

06 새해가 시작되는 명절, 설 · 22
07 한 해의 첫 보름, 정월 대보름 · 24
08 풍년을 기원하는 단오 · 26
09 가을걷이에 감사하는 명절, 추석 · 28
10 '작은설'로 불리는 동지 · 30
쑥쑥 쏙쏙 문해력 완성 2 **주사위 놀이** · 32

사회

11 민주주의와 전체주의 · 34
12 선거의 4대 원칙 · 36
13 태어나면서부터 갖는 인권 · 38
14 대통령과 삼권 분립 · 40
15 국민의 의견, 여론 · 42

인물

16 독약을 마신 소크라테스 · 44
17 알렉산드로스 대왕과 디오게네스 · 46
18 맹모삼천지교 · 48
19 마호메트와 이슬람교 · 50
20 석가모니와 불교 · 52
쑥쑥 쏙쏙 문해력 완성 3 **색칠하기** · 54

경제

21 우리 동네 돌아보기 · 56
22 재래시장과 대형 마트 · 58

23 돈의 탄생 · 60

24 화폐 속 인물 · 62

25 돈의 이름과 가치 · 64

쑥쑥 쏙쏙 문해력 완성 4 **끝말잇기** · 66

문화 유산

26 고구려 고분 벽화 · 68

27 백제 무령왕릉 · 70

28 문무왕과 대왕암 · 72

29 불국사 무영탑 · 74

30 고려 팔만대장경 · 76

쑥쑥 쏙쏙 문해력 완성 5
그림으로 알아보는 속담 · 78

신화

31 불을 훔친 프로메테우스 · 80

32 지하 세계로 간 오르페우스 · 82

33 황금의 손 미다스 · 84

34 괴물 스핑크스 · 86

35 거미가 된 아라크네 · 88

36 자기를 사랑한 나르키소스 · 90

37 나르키소스를 사랑한 프리지어 · 92

38 밤이 되면 피는 달맞이꽃 · 94

쑥쑥 쏙쏙 문해력 완성 6 **집 찾아가기** · 96

전설

39 보석을 뿌리 듯한 채송화 · 98

40 알프스의 꽃 에델바이스 · 100

41 은혜 갚은 두루미 · 102

42 예쉔과 황금 신발 · 104

43 암탉과 여섯 마리 병아리 · 106

44 톰과 구두 요정 · 108

45 강가의 노랫소리 · 110

쑥쑥 쏙쏙 문해력 완성 7
낱말 보고 문장 만들기 · 112

정답 · 114

이 책의 활용법

《쏙쏙 문해력 퀴즈》는 다양한 글을 읽으면서 낱말의 의미와 문맥을 이해하고, 주제를 파악하는 연습을 통해 문해력을 기를 수 있도록 구성한 책입니다. 1권에서는 역사, 풍속, 사회, 인물, 경제, 문화유산, 신화, 전설 등 8개의 주제를 다루고 있습니다.

읽어 보아요

왼쪽에는 주제글이, 오른쪽에는 주제글을 읽고 풀어 보는 퀴즈가 실려 있어요. 주제글의 핵심 단어는 굵은 서체로 표기했고 낱말 풀이가 필요한 단어는 색깔로 표시했어요.

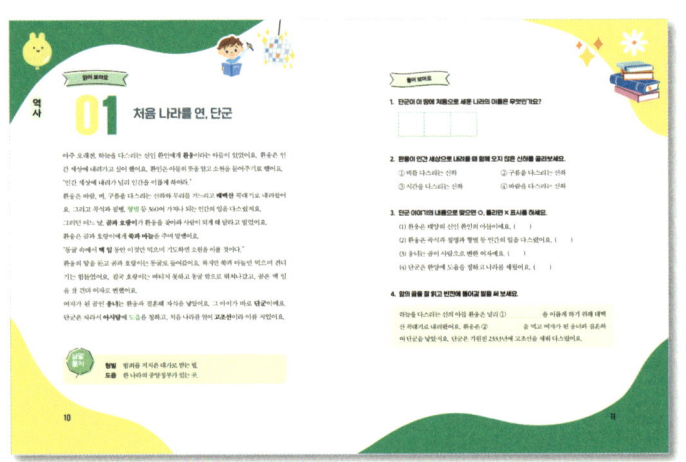

어려운 단어가 나오면 낱말 풀이를 참고하세요!

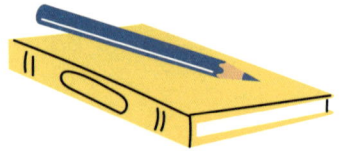

쑥쑥 쏙쏙 문해력 완성

쉬어 가는 코너예요. 어휘력을 활용해서 낱말 퍼즐이나 끝말잇기, 그림으로 알아보는 속담 등의 퀴즈를 풀어 보세요. 재미있고 흥미진진할 거예요.

정답

뒤쪽에는 정답이 실려 있어요. 금방 답이 나오지 않는다고 정답부터 보면 안 되겠지요? 그럴 땐 주제글을 다시 한 번 천천히 읽어 보세요.

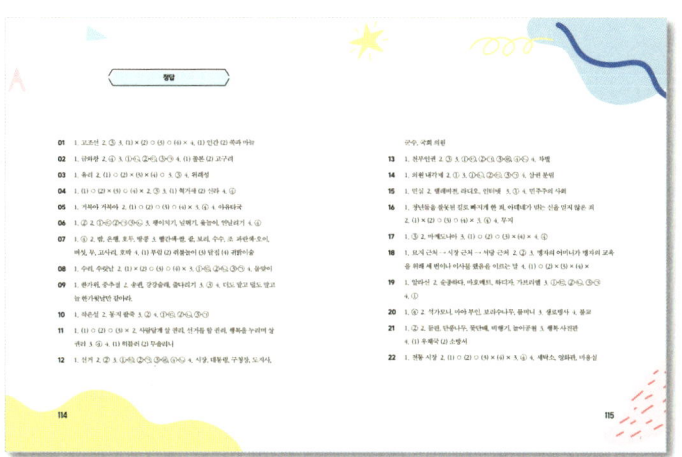

역사

> 읽어 보아요

01 처음 나라를 연, 단군

아주 오래전, 하늘을 다스리는 신인 환인에게 **환웅**이라는 아들이 있었어요. 환웅은 인간 세상에 내려가고 싶어 했어요. 환인은 아들의 뜻을 알고 소원을 들어주기로 했어요.

"인간 세상에 내려가 널리 인간을 이롭게 하여라."

환웅은 바람, 비, 구름을 다스리는 신하와 무리를 거느리고 **태백산** 꼭대기로 내려왔어요. 그리고 곡식과 질병, **형벌** 등 360여 가지나 되는 인간의 일을 다스렸지요.

그러던 어느 날, **곰과 호랑이**가 환웅을 찾아와 사람이 되게 해 달라고 빌었어요. 환웅은 곰과 호랑이에게 **쑥과 마늘**을 주며 말했어요.

"동굴 속에서 **백 일** 동안 이것만 먹으며 기도하면 소원을 이룰 것이다."

환웅의 말을 듣고 곰과 호랑이는 동굴로 들어갔어요. 하지만 쑥과 마늘만 먹으며 견디기는 힘들었어요. 결국 호랑이는 버티지 못하고 동굴 밖으로 뛰쳐나갔고, 곰은 백 일을 잘 견뎌 여자로 변했어요.

여자가 된 곰인 **웅녀**는 환웅과 결혼해 자식을 낳았어요. 그 아이가 바로 **단군**이에요. 단군은 자라서 **아사달**에 도읍을 정하고, 처음 나라를 열어 **고조선**이라 이름 지었어요.

낱말풀이

- **형벌** 범죄를 저지른 대가로 받는 벌.
- **도읍** 한 나라의 중앙정부가 있는 곳.

> 풀어 보아요

1. 단군이 이 땅에 처음으로 세운 나라의 이름은 무엇인가요?

2. 환웅이 인간 세상으로 내려올 때 함께 오지 않은 신하를 골라보세요.

   ① 비를 다스리는 신하　　② 구름을 다스리는 신하

   ③ 시간을 다스리는 신하　　④ 바람을 다스리는 신하

3. 단군 이야기의 내용으로 맞으면 O, 틀리면 X 표시를 하세요.

   (1) 환웅은 태양의 신인 환인의 아들이에요. (　　)

   (2) 환웅은 곡식과 질병과 형벌 등 인간의 일을 다스렸어요. (　　)

   (3) 웅녀는 곰이 사람으로 변한 여자예요. (　　)

   (4) 단군은 한양에 도읍을 정하고 나라를 세웠어요. (　　)

4. 앞의 글을 잘 읽고 빈칸에 들어갈 말을 써 보세요.

   하늘을 다스리는 신의 아들 환웅은 널리 ① _____을 이롭게 하기 위해 태백산 꼭대기로 내려왔어요. 환웅은 ② _____을 먹고 여자가 된 웅녀와 결혼하여 단군을 낳았지요. 단군은 기원전 2333년에 고조선을 세워 다스렸어요.

> 읽어 보아요

02 주몽의 탄생과 건국

고구려를 세운 **주몽**의 탄생과 건국에 얽힌 설화가 있어요.

옛날에 **동부여**의 **금와왕**이 사냥을 나갔다가 물가에서 어떤 여인을 만났어요. 물의 신 하백의 딸로 이름은 **유화**였어요. 유화는 하늘 신의 아들 **해모수**와 사랑에 빠지는 바람에 집에서 쫓겨났지요. 금와왕은 유화를 불쌍히 여겨 궁궐로 데려왔어요.

그런데 이상한 일이 일어났어요. 방에 강한 햇빛이 비치더니 유화가 알을 낳은 거예요.

"사람이 알을 낳다니, 이건 분명히 좋지 않은 징조로다."

금와왕은 알을 내다 버리라고 명령했어요. 하지만 알을 길바닥에 버렸더니 소와 말이 피해 가고, 들판에 버렸더니 새들이 깃털로 덮어 주고 짐승들이 따뜻이 품어 주었지요. 또 알을 깨뜨리려 해도 도무지 깨지지 않았어요. 왕은 어쩔 수 없이 알을 유화에게 돌려주었어요.

유화는 알을 정성스럽게 돌보았어요. 얼마 뒤 그 알에서 사내아이가 나왔어요. 이 아이가 바로 주몽이랍니다. 주몽은 늠름하게 자라 나중에 압록강 **지류**인 **동가강** 유역의 **졸본**에 나라를 세우고 **고구려**라 이름 지었어요.

> **낱말풀이**
>
> **설화** 각 민족 사이에 전해 오는 신화, 전설, 민담 따위를 통틀어 이르는 말.
> **징조** 어떤 일이 생길 기미.
> **지류** 강의 원줄기로 흘러들거나 원줄기에서 갈려 나온 물줄기.

풀어 보아요

1. 주몽이 탄생했을 때 동부여의 왕은 누구였나요?

2. 주몽의 탄생 설화에 대한 설명으로 옳지 않은 것을 고르세요.

① 알을 낳은 유화는 물의 신 하백의 딸이에요.

② 유화는 해모수와 사랑에 빠져 집에서 쫓겨났어요.

③ 유화가 낳은 알에서 나온 아이가 주몽이에요.

④ 주몽은 하백과 유화 사이에 태어난 아들이에요.

3. 유화가 낳은 알을 버렸을 때 어떤 일이 일어났는지 선으로 연결해 보세요.

① 길바닥에 버림 •   • ㉠ 알이 도무지 깨지지 않았어요.

② 들판에 버림 •   • ㉡ 소와 말이 피해 갔어요.

③ 알을 깨뜨리려 함 •   • ㉢ 새들이 깃털로 덮어 주었어요.

4. 앞의 글을 잘 읽고 빈칸에 들어갈 말을 써 보세요.

주몽은 활을 잘 쏘는 늠름한 청년으로 자랐어요. 주몽은 금와왕의 아들들을 피해 부하를 이끌고 압록강 지류인 동가강 유역의 ① _____ 에 나라를 세우고 ② _____ 라 이름 지었어요.

> 읽어 보아요

03 백제를 세운 온조

온조와 **비류**는 함께 고구려 **동명왕**(주몽)의 아들이에요. 그런데 동명왕에게는 또 다른 아들이 있었어요. 주몽이 부여에 있을 때 태어난 **유리**였지요. 유리는 자라서 아버지를 찾아와 주몽의 뒤를 이어 고구려 왕위에 올랐어요.

그러자 비류와 온조는 고구려를 떠나 남쪽으로 내려갔어요. 두 사람은 한성 땅에 이르렀을 때 북한산에 올라 살 만한 곳을 살폈어요. 그때 나이 든 신하가 말했어요.

"이곳은 한강을 끼고 동쪽으로 산이 높고, 남쪽으로 기름진 들판이 있습니다. 이곳에 도읍을 정하는 것이 어떠신지요?"

온조는 그곳이 마음에 들었어요. 온조는 하남 **위례성**에 도읍을 정하고, 나라를 세워 **십제**라고 했어요.

하지만 비류는 서쪽으로 보이는 바닷가에 가서 살겠다며 **미추홀**(인천)로 갔어요. 그런데 미추홀은 땅이 습하고 물이 짜서 농사짓기에 좋지 않았어요. 그래서 비류를 따라갔던 신하와 백성들은 다시 온조를 찾아 위례성으로 모여들었지요. 온조왕은 그들을 받아들이고 주변의 작은 세력들을 정복해 힘을 키운 뒤 나라 이름을 백제로 고쳤어요.

> 낱말풀이
>
> **십제** 신하 열 명의 도움으로 나라를 세워 이런 이름이 붙었다고 해요.

> 풀어 보아요

1. 다음 글을 읽으면서 알맞은 것에 O 표시를 하세요.

   고구려 동명왕의 뒤를 이어 왕위에 오른 왕자는 (유리 / 비류 / 온조)였어요.

2. 온조와 비류에 대한 내용으로 맞으면 O, 틀리면 X 표시를 하세요.

   (1) 비류와 온조는 동명왕의 아들이에요. (   )
   (2) 온조는 바닷가에 가서 살겠다며 미추홀로 갔어요. (   )
   (3) 비류는 한성 땅이 마음에 들어 그곳에 자리를 잡았어요. (   )
   (4) 미추홀은 땅이 습하고 물이 짜서 농사짓기에 좋지 않았어요. (   )

3. 위 글의 내용으로 맞지 <u>않는</u> 것을 고르세요.

   ① 한성 땅은 동쪽으로 산이 높고, 남쪽으로 기름진 들판이 있는 곳이에요.
   ② 온조는 신하 열 명의 도움으로 나라를 세워 나라 이름을 '십제'라고 했어요.
   ③ 온조는 비류를 따라갔던 신하와 백성들을 받아들이지 않았어요.
   ④ 온조는 주변 세력들을 정복해 힘을 키운 뒤 나라 이름을 '백제'로 고쳤어요.

4. 앞의 글을 잘 읽고 빈칸에 들어갈 말을 써 보세요.

   온조는 비류와 함께 남쪽으로 내려와 한성 땅에 이르렀어요. 이때 신하들의 이야기를 듣고 온조는 하남 _____ 에 도읍을 정하고, 나라를 세워 십제라고 했어요.

역사

읽어 보아요

04 혁거세와 알영의 탄생

옛날 **진한** 땅(경주 지역)의 여섯 **촌장**은 자신들을 다스려 줄 임금을 찾고 있었어요. 그때 양산 기슭 **나정**이라는 우물가에서 환한 빛이 뻗어 나왔어요. 촌장들이 그곳으로 가 보니 흰말이 꿇어앉아 자줏빛 알에게 절을 하고 있었지요. 말은 곧 하늘로 날아가고, 알에서 사내아이가 나왔어요.

"하늘이 우리에게 임금이 될 분을 내려 주신 게 분명해요."

아이의 몸에서는 빛이 났고, 새와 짐승들은 춤을 추었어요. 여섯 촌장은 박처럼 생긴 알에서 나왔다 하여 아이의 성을 박, 세상을 밝게 다스린다는 뜻으로 이름을 **혁거세**라고 지었어요. 촌장들은 혁거세를 **신라**의 왕으로 모셨답니다.

그 무렵, **사량리**의 **알영**이라는 우물가에 용이 나타났어요. 닭처럼 생긴 용은 놀랍게도 왼쪽 겨드랑이에서 여자아이를 낳았어요. 사람들은 우물 이름을 따서 그 아이를 알영이라 불렀어요. 알영은 입술이 닭 부리처럼 흉했는데, 시냇물에 씻기자 말끔해졌지요. 알영은 **행실**이 바르고 **용모**는 단정하게 자랐어요. 혁거세는 알영을 왕비로 맞았답니다. 혁거세왕은 백성들의 사랑을 받으며 61년 동안 신라를 다스리다 세상을 떠났어요.

낱말풀이

촌장 한 마을의 우두머리.
행실 실제로 드러나는 행동.
용모 사람의 얼굴 모양.

> 풀어 보아요

1. 혁거세의 탄생 설화에 대한 설명으로 맞으면 O, 틀리면 × 표시를 하세요.

(1) 양산 기슭 나정이라는 우물가에서 환한 빛이 뻗어 나왔어요. (　)

(2) 촌장들이 그곳에 가 보니 닭이 말에게 절을 하고 있었어요. (　)

(3) 말은 곧 하늘로 날아가고, 알에서 사내아이가 나왔어요. (　)

(4) 아이는 몸에서 빛이 나고, 새와 짐승들이 도망을 갔어요. (　)

2. 알영의 탄생 설화와 관련 없는 것은 무엇인가요?

① 사량리의 알영이라는 우물가에 용이 나타났어요.

② 닭 부리처럼 흉한 입술을 시냇물에 씻자 말끔해졌어요.

③ 뱀처럼 생긴 용이 놀랍게도 여자아이를 낳았어요.

④ 혁거세는 행실이 바르고 용모가 단정한 알영을 왕비로 맞았어요.

3. 아래 글을 잘 읽고 빈칸에 들어갈 말을 써 보세요.

> 촌장들은 알의 모양이 박처럼 생겼다 하여 성을 '박', 세상을 밝게 다스린다는 뜻으로 이름을 ①_____라고 지었어요. 촌장들은 그를 ②_____의 왕으로 모셨답니다.

4. 다음 중 '행실'의 쓰임으로 옳지 않은 것은 무엇인가요?

① 건넛마을 강씨 처녀는 행실이 바르기로 소문이 났어요.

② 앞산 마을의 아가씨는 얼굴도 곱고 행실도 얌전해요.

③ 뒷마을의 젊은 총각은 행실이 나쁘다고 소문이 자자해요.

④ 웃마을 총각 강쇠는 행실을 아주 잘한다고 얘기했어요.

역사

읽어 보아요

05 수로왕과 여섯 가야

옛날에 **가야** 땅 **구지봉**에서 이상한 소리가 들렸어요.

"너희들이 '거북아 거북아' 노래를 부르며 춤을 추면 내가 내려갈 것이다."

아홉 촌장이 그 목소리가 시키는 대로 춤추고 노래하자, 하늘에서 붉은 보자기로 싼 황금 상자가 두둥실 내려왔어요. 상자 안에는 반짝반짝 황금색 알 여섯 개가 빛나고 있었어요.

얼마 뒤, 알에서 씩씩한 사내아이들이 나왔어요. 그중 첫 번째로 나온 아이가 **수로**예요. 여섯 아이는 쑥쑥 커서 늠름한 젊은이가 되었어요.

"나라를 세우고 왕위에 오르겠다!"

수로가 나라를 세우자, 다섯 아이도 각각 흩어져 다섯 가야의 왕이 되었어요. 이렇게 여섯 가야가 탄생한 거예요.

그로부터 얼마 뒤, 붉은 비단 돛을 단 배가 깃발을 펄럭이며 바닷가로 다가왔어요. 배에는 **아유타국**의 공주가 타고 있었지요. 수로왕은 아유타국에서 온 **허황옥**을 아내로 맞았어요. 백성들은 어질게 나라를 다스리는 수로왕과 왕후에 대한 칭찬을 아끼지 않았답니다.

낱말 풀이

구지봉 경상남도 김해시에 있는 산.

> 풀어 보아요

1. 가야 땅 구지봉에서 촌장들이 부른 노래는 무엇인가요?

   _____

2. 수로왕 탄생 설화에 대한 내용으로 맞으면 O, 틀리면 X 표시를 하세요.

   (1) 아홉 촌장은 하늘에서 시키는 대로 춤추고 노래했어요. (   )

   (2) 하늘에서 황금 상자가 두둥실 내려왔어요. (   )

   (3) 황금 상자 안에서 황금색 알 여섯 개가 빛나고 있었어요. (   )

   (4) 맨 나중 알에서 나온 아이가 수로였어요. (   )

3. 가야에 대한 설명으로 알맞지 <u>않은</u> 것은 무엇인가요?

   ① 김수로왕은 여섯 형제의 맏이예요.

   ② 수로에 이어 나온 다섯 형제도 모두 나라를 세웠어요.

   ③ 여섯 가야를 세운 왕들은 모두 알에서 나왔어요.

   ④ 수로왕은 신라의 공주와 결혼했어요.

4. 다음 글을 읽으면서 알맞은 것에 O 표시를 하세요.

   수로왕과 허황옥의 결혼 설화에 나오는 (아수라국 / 아라비아 / 아유타국)은 허황옥이 살았다고 전해지는 나라의 이름이에요.

쑥쑥 쏙쏙 문해력 완성 ❶

가로세로 낱말 퍼즐

가로 열쇠

1. 단군이 이 땅에 처음 세운 나라.
2. 가야의 허황옥이 살았다고 전해지는 나라.
4. 여섯 개의 알에서 나온 첫째 아이로 가야를 세운 왕.
6. 하늘의 신인 환인의 아들.
9. 왕이 나라를 다스리던 시절, 나라의 근본을 이루는 일반 국민.

세로 열쇠

1. 주몽이 졸본에 세운 나라.
2. 단군이 나라를 열 때 도읍으로 정한 곳.
3. 하늘 신의 아들로 유화와 사랑에 빠졌던 인물.
5. 고구려를 건국한 왕.
7. 환웅의 도움으로 곰에서 사람이 된 여자.
8. 온조가 나라를 세울 때 도읍으로 정한 곳.

1				2				
								8
				6	7			
3		5						
4							9	

풍습

> 읽어 보아요

06 새해가 시작되는 명절, 설

설은 우리가 해마다 맞이하는 큰 **명절**이에요. **음력** 1월 1일, 새해가 처음 시작되는 날이어서 즐겁게 기념하지요.

설날에는 깨끗한 새 옷인 **설빔**을 입어요. 그리고 정성스럽게 마련한 음식을 차려 놓고 조상들께 **차례**를 지내지요. 할아버지, 할머니, 아버지, 어머니께 세배도 드려요. 어른들은 우리에게 복 많이 받고 잘되라는 덕담을 해 주시고, 세뱃돈을 주시기도 해요.

설날 아침에는 온 가족이 모여 설날 음식인 **떡국**을 먹어요. 떡국은 가래떡을 어슷하게 얇게 썰어 **맑은장국**에 넣고 끓인 음식이에요. 기다란 가래떡에는 오래오래 살기를 바라는 소망이 담겨 있어요. 또 떡국을 먹으면 나이를 한 살 더 먹는다고 하지요.

즐거운 명절인 설에는 가족끼리, 또는 동네 사람들과 놀이를 즐겨요. 하늘 높이 **연**을 날리기도 하고, 쿵덕쿵덕 번갈아 가며 뛰는 **널뛰기**도 즐겨요. "윷이야!" 소리치며 즐기는 **윷놀이**, 뱅글뱅글 팽이를 돌리는 **팽이치기**도 설날에 즐기는 놀이랍니다.

이처럼 설은 가족과 친척을 만나 서로 인사를 나누고, 정성스럽게 만든 음식을 먹고 함께 놀이를 즐기는 우리 고유의 아름다운 **풍속**이랍니다.

낱말풀이

음력   달의 모양 변화를 기준으로 하여 한 달의 날짜를 세는 방법.
맑은장국 쇠고기를 잘게 썰어 양념한 다음 맑은 장물에 끓인 국.

풀어 보아요

1. **다음 중에서 설과 관계없는 것을 고르세요.**

   ① 새해가 시작되는 음력 1월 1일이에요.

   ② 곡식을 거둬들이고 조상들께 감사하는 명절이에요.

   ③ 어른들께 세배를 드리고 세뱃돈을 받아요.

   ④ 복 많이 받으라며 잘되기를 바라는 덕담을 나누어요.

2. **아래의 낱말에 알맞은 풀이를 선으로 연결해 보세요.**

   ① 고유 •   • ㉠ 설을 맞아 새로 장만해 입거나 신는 옷, 신발 따위.

   ② 설빔 •   • ㉡ 옛날부터 전해 오는 생활 습관 따위를 이르는 말.

   ③ 풍속 •   • ㉢ 본래부터 가지고 있는 특유한 것.

3. **아래에서 설과 관련된 단어를 골라 보세요.**

4. **앞 글의 중심 주제는 무엇인가요?**

   ① 설에는 꼭 떡국을 먹어야 나이를 먹어요.

   ② 설에는 조상들께 감사하는 차례를 지내요.

   ③ 우리의 전통 명절은 새해의 첫날인 설뿐이에요.

   ④ 새해를 기념하는 설은 우리 고유의 아름다운 풍속이에요.

풍습

읽어 보아요

07 한 해의 첫 보름, 정월 대보름

정월 대보름은 음력 1월 15일이에요. 우리 조상들은 밝은 달을 신비롭게 여겼어요. 달빛이 어둠, 질병, 나쁜 운세 등을 밀어낸다고 생각했거든요. 그래서 달이 가장 동그란 새해 첫 보름날을 '대보름'이라 부르며 마을마다 그해의 풍요로움을 빌었어요.

정월 대보름날 사람들은 쌀, 보리, 조, 수수, 팥 등 다섯 가지 곡식으로 지은 **오곡밥**과 말려 둔 고사리, 버섯, 무, 호박, 오이 같은 **나물 반찬**을 먹어요. 약밥도 빠지지 않는 음식이에요.

대보름날 아침에는 꼭 **부럼**을 깨물고 귀밝이술을 마셔요. 땅콩, 호두, 잣, 밤, 은행 따위의 부럼을 깨물면 한 해 동안 부스럼이 안 생기고 나쁜 운을 막을 수 있고, 차가운 귀밝이술을 마시면 귀가 밝아지고 좋은 소식만 듣게 된다고 하지요.

대보름날 다른 사람의 이름을 불렀을 때 그 사람이 대답을 하면 '내 더위 사 가라.' 하고 대답한 사람에게 더위를 팔아요. 그러면 여름에 더위를 안 먹는다고 해요.

보름달이 뜨는 저녁에는 달집에 불을 놓고 놀아요. 달집이 잘 타면 풍년이 든다고 믿었지요. 또 논둑과 밭둑에도 불을 놓았는데, 이것을 **쥐불놀이**라고 해요.

낱말 풀이

- **약밥** 찹쌀에 대추, 밤, 잣, 참기름, 꿀, 간장 등을 섞어 시루에 찐 밥.
- **귀밝이술** 음력 정월 대보름날 아침에 마시는 술.
- **달집** 달맞이할 때 불을 질러 주변을 밝게 하려고 생소나무 가지 따위를 묶어 쌓아 올린 무더기.

> 풀어 보아요

1. 다음 중 정월 대보름에 대한 설명으로 옳지 <u>않은</u> 것은 무엇인가요?

   ① 그해의 풍년을 비는 명절이에요.

   ② 오곡밥과 말린 나물 반찬을 먹어요.

   ③ 부럼을 깨물고, 귀밝이술을 마셔요.

   ④ 더위를 앞다투어 사고, 쥐불놀이를 해요.

2. 다음 중 대보름에 깨물어 먹는 부럼에 속하는 것을 모두 고르세요.

   〈보기〉   밤   엿   은행   호두   대추   사과   땅콩

3. 다음 중 오곡밥에 들어가는 곡식은 빨간색, 말린 나물은 파란색으로 칠해 보세요.

   오이   쌀   버섯   팥   무

   보리   고사리   수수   호박   조

4. 아래에서 설명하는 것이 무엇인지 〈보기〉에서 찾아 써 보세요.

   〈보기〉   귀밝이술   부럼   쥐불놀이   달집

   (1) 이런 것을 깨물면 한 해 동안 부스럼이 생기지 않는다고 해요. (   )

   (2) 논둑이나 밭둑에 불을 붙이고 돌아다니며 노는 놀이예요. (   )

   (3) 보름달이 떠오를 때 이것에 불을 놓고 노는 풍속이 있어요. 이것이 훨훨 타야 마을이 태평하고 풍년이 든다고 해요. (   )

   (4) 아침에 이것을 마시면 귀가 밝아지고 좋은 소식만 듣게 된다고 해요. (   )

풍습

08 풍년을 기원하는 단오

단오는 우리나라 명절 중 하나로, 음력 5월 5일이에요. 우리 조상들은 홀수가 겹치는 날에 좋은 기운이 넘친다고 여겨 이날 잔치를 했어요. 더운 여름을 맞이하기 전 초여름에 **모내기**를 끝내고 한 해 농사가 풍년이 되기를 기원하기도 했지요.

단오에는 산에서 뜯은 나물인 **수리취**나 **쑥**으로 **단오떡**을 해서 먹는데, 떡의 둥그런 모양이 마치 수레바퀴와 같아서 '수리'라는 이름이 붙어 단오를 **수리** 또는 **수릿날**이라고도 해요. 여자들은 수리취떡과 쑥떡, 밀가루 부침개 등을 만들어 창포가 무성한 못가나 물가에 가서 **물맞이**를 해요. 나쁜 기운을 물리치려고 **창포**를 우려 낸 물을 마시기도 하고, 창포물에 머리를 감기도 했어요. 그러면 머리카락에 윤이 나고 머리숱이 많아진다고 믿었지요. 또 이날 여자들은 하늘 높이 그네를 타고, 남자들은 힘과 기술을 겨루는 씨름을 했어요.

단오가 지나면 날씨가 더워지는데, 조상들은 무더운 여름을 잘 견디라는 뜻에서 단옷날에 부채를 선물하곤 했어요. 단오에 선물하는 부채를 **단오 부채**라고 해요. 임금님이 신하에게, 웃어른이 아랫사람에게 베풀었지요.

물맞이 병을 다스리려고 약수를 마시거나 약수로 몸을 씻는 일.

> 풀어 보아요

1. 단오를 달리 부르는 이름이 있어요. 그것이 무엇인지 두 가지를 써 보세요.

_____   _____

2. 우리의 명절인 단오에 대한 설명으로 맞으면 O, 틀리면 X 표시를 하세요.

(1) 모내기를 하기 전에 풍년이 되기를 기원한 날이에요. (   )

(2) 창포물에 머리를 감으면 윤이 나고 머리숱이 많아진다고 믿었어요. (   )

(3) 남자들은 힘과 기술을 겨루는 씨름을 했어요. (   )

(4) 아랫사람은 윗사람에게 단오 부채를 선물했어요. (   )

3. 아래의 낱말과 서로 관련된 것을 선으로 연결해 보세요.

① 수리취   •   • ㉠ 무더운 여름을 잘 견디라는 뜻에서 준 선물.

② 창포   •   • ㉡ 연못이나 도랑의 가장자리에서 자라는 여러해살이풀.

③ 단오 부채 •   • ㉢ 단오떡에 들어가는 나물.

4. 앞의 글을 잘 읽고 빈칸에 들어갈 말을 써 보세요.

> 단옷날에 사람들은 물가에서 _____ 를 했어요. 창포물을 마시거나 몸을 씻고, 머리를 감았지요. 이날은 수리취나 쑥으로 단오떡을 해 먹고, 부채를 선물하기도 했어요. 또 그네뛰기, 씨름, 활쏘기 같은 민속놀이를 즐겼어요.

풍습

읽어 보아요

09 가을걷이에 감사하는 명절, 추석

추석은 음력 8월 15일로, 설과 함께 우리나라의 가장 큰 명절이에요. 가을 한가운데 있는 날이라 **한가위**, 한자어로는 **중추절**이라고도 해요. 벼를 비롯한 햇곡식과 감, 대추, 밤 등 햇과일을 거둬들인 것에 감사하는 명절이지요. 그래서 정성스럽게 음식을 마련해 차례를 지내고, 조상의 산소를 찾아가 돌보며 성묘를 해요.

추석에는 햅쌀로 반죽해 반달 모양으로 빚은 **송편**을 먹어요. 속에는 콩, 밤, 깨 따위를 넣고, 찔 때는 솔향기가 나도록 솔잎을 깔아요. 낮에는 마을 사람들이 모여 **줄다리기**를 하며 힘을 겨루고 밤에는 **보름달**을 보며 소원을 빌지요. 여자들은 손에 손을 잡고 노래를 부르며 빙글빙글 도는 **강강술래**를 즐겨요. 강강술래는 임진왜란 때 이순신 장군의 꾀에서 시작되었다고 해요. 우리 군사가 많은 것처럼 보이게 하려고 마을 사람들을 모아 불을 피우고 빙빙 돌게 한 것이 전해 내려오면서 추석의 놀이가 되었어요.

이처럼 한가위에는 모든 것이 풍성하고 넉넉했어요. 그래서 잘 먹고 잘 입고 편히 살기를 바라는 마음으로 "더도 말고 덜도 말고 늘 한가윗날만 같아라."는 속담도 생겼답니다.

낱말풀이

임진왜란 1592년 조선 시대 선조 임금 시절에 일본이 침입해 일어난 전쟁.

> 풀어 보아요

1. 다음 글을 읽으면서 빈칸에 알맞은 말을 넣으세요.

   추석은 가을 한가운데 있는 날이라는 뜻의 우리말인 _____, 가을 한가운데 있는 명절이라는 뜻의 한자어인 _____ 이라고도 해요.

2. 다음 〈보기〉 중에서 추석과 관계있는 것에 ○ 표시를 하세요.

   〈보기〉   설빔   송편   더위팔기   강강술래   줄다리기   그네뛰기

3. 다음 중에서 추석과 관계<u>없는</u> 것을 고르세요.
   ① 우리나라의 전통 명절로 음력 8월 15일이에요.
   ② 햇곡식과 햇과일을 거둬들인 데 대해 감사하는 명절이에요.
   ③ 어른들께 세배를 드리고 덕담을 들어요.
   ④ 조상들께 차례를 지내고 성묘를 해요.

4. 잘 먹고 잘 입고 편히 살기를 바라는 마음을 담은 말로, 추석과 관련된 속담을 써 보세요.

   _____

   _____

풍습

> 읽어 보아요

10 '작은설'로 불리는 동지

동지는 일 년 중에서 밤이 가장 길고 낮이 가장 짧은 날이에요. 보통 양력 12월 22일이나 23일 무렵에 돌아오지요.

옛날에는 동지를 **작은설**이라고 했어요. 낮의 길이가 길어지기 시작하는 동지를 한 해의 시작으로 생각한 거예요. 그런 까닭에 오늘날에도 "동지를 지나야 한 살 더 먹는다." 또는 "**동지 팥죽**을 먹어야 진짜 나이를 한 살 더 먹는다."는 말을 쓴답니다.

동지에는 동지 팥죽을 쑤어 먹어요. 팥을 고아 죽을 만들고, 여기에 새알만 한 크기의 찹쌀 **새알심**을 넣어 끓인 죽이지요. 팥죽을 만들면 먼저 각 방과 장독, 헛간 같은 집 안의 여러 곳에 놓아두어요. 이렇게 하면 집 안의 악한 귀신이 물러간다고 믿었기 때문이에요. 사람이 드나드는 대문이나 벽에는 붉은 팥죽을 뿌리기도 했어요.

우리 조상들은 **경사**나 **재앙**이 있을 때 팥죽, 팥밥, 팥떡을 해 먹는 풍습이 있었어요. 이런 풍습이 지금까지 이어져 일이 잘되기를 바라며 **고사**를 지낼 때 팥떡을 올린답니다.

경사	축하할 만한 기쁜 일.
재앙	뜻하지 않게 생긴 불행한 일이나 사고.
고사	나쁜 기운을 없애고 풍요와 행운이 오도록 음식을 차려 놓고 비는 제사.

> 풀어 보아요

1. 동지를 달리 부르는 이름이 있어요. 무엇인지 써 보세요.

   _____

2. 다음은 동지에 대한 설명이에요. 빈칸에 들어갈 알맞은 말을 써 넣으세요.

   > 동지는 일 년 중에서 밤이 가장 길고 낮이 가장 짧은 날이에요. 보통 양력 12월 22일이나 23일 무렵에 돌아오는데, 이날은 _____을 쑤어 먹어요.

3. 동지에 팥죽을 대문이나 벽에 뿌리는 까닭은 무엇인가요?

   ① 대문이나 벽을 장식하기 위해서예요.
   ② 집 안의 악한 귀신을 쫓아내기 위해서예요.
   ③ 새를 비롯한 동물들에게 먹이를 주기 위해서예요.
   ④ 조상들의 영혼을 맞아들이기 위해서예요.

4. 아래의 낱말과 그에 맞는 풀이를 선으로 연결해 보세요.

   ① 쑤다 •   • ㉠ 액체를 몹시 뜨겁게 해 거품이 솟아오르게 하다.
   ② 고다 •   • ㉡ 졸아서 진하게 엉기도록 끓이다.
   ③ 끓이다 •   • ㉢ 곡식이나 가루를 물에 풀어 죽 따위를 만들다.

쑥쑥 쏙쏙 문해력 완성 ②

주사위 놀이

놀이 방법

준비물: 주사위, 말 2개, 색연필 2자루
놀이하는 사람: 2명

① 각자 말과 색연필을 정하고, 가위바위보로 먼저 할 사람을 정한다.
② 이긴 사람이 먼저 주사위를 굴려 나온 숫자 만큼 말을 이동한다.
③ 이동한 칸의 설명을 보고 빈칸에 답을 써 넣는다.
④ 맞으면 한 번 더 주사위를 굴리고, 틀리면 1칸 뒤로 후퇴한다.
⑤ 계속 게임을 하여 출구를 빠져나가면 다시 입구로 돌아간다.
　(주사위를 던져 답을 쓴 칸이 나오면 다시 가위바위보를 한다.)
⑥ 모든 칸의 답이 채워질 때까지 계속한다.
⑦ 정답을 많이 맞힌 사람이 승자가 된다.

↓출발(입구)

우리나라의 가장 큰 명절 ( )	단오에 선물 하는 부채 ( )	추석에 먹는 대표적인 음식 ( )	1칸 뒤로!	새해 첫 보름 날 깨물어 먹는 것 ( )	단오에 남자 들이 힘을 겨루는 놀이 ( )	밤이 가장 길고 낮이 가장 짧은 날 ( )
						가을걷이에 감사하는 명절 ( )
동지에 해 먹는 음식 ( )	1칸 앞으로!	음력 1월 15일은 정월 ( )	설에 입는 새 옷 ( )	단오를 달리 부르는 이름 ( )	조상의 산소 를 찾아가 돌보는 것 ( )	떡국에 들어가는 떡 ( )
가을 한가운데 있는 날을 뜻 하는 우리말 ( )						
논둑, 밭둑에 불을 놓는 놀이 ( )	추석에 손잡 고 빙글빙글 도는 놀이 ( )	설에 먹는 대표적인 음식 ( )	설에 하늘 높이 날리는 것 ( )	설날 어른들 이 해 주시는 말씀 ( )	2칸 뒤로!	'작은설'로 불리는 날 ( )

↓도착(출구)

읽어 보아요

11 민주주의와 전체주의

우리나라는 민주 정치를 하는 **민주주의** 국가예요. 그런데 민주주의가 뭘까요? 민주주의는 나라의 주인이 국민이고, 국민의 뜻에 따라 나랏일을 결정하는 정치 제도예요. 민주주의 국가의 국민이라면 누구나 인간으로서 당연히 가지는 기본적 권리를 가지고, 자유롭게 생각하고 행동할 수 있으며, 누구나 차별받지 않고 **평등**하게 살 권리가 있어요.

그렇다고 무슨 일이든지 자기 마음대로 할 수 있는 것은 아니에요. 법을 지키고 법에 따라 행동해야 해요. 왕이 나라를 다스리던 옛날에는 왕의 말이 곧 법이었지만, 오늘날 민주주의 국가에서는 왕이나 대통령도 마음대로 할 수 없어요. 법에 정해져 있는 대로만 권한을 행사할 수 있지요.

이와 달리 독재 정치는 한 사람, 또는 소수 집단이 마음대로 나라의 일을 결정하고, 나라를 다스리는 정치예요. 이것을 **전체주의**라고 해요. 국가와 민족 전체를 더 중요하게 여겨 국민 한 사람 한 사람의 자유를 억누르는 특징이 있지요. **히틀러**가 지배했던 독일, **무솔리니**가 지배했던 이탈리아 등이 대표적인 전체주의 국가였어요.

낱말풀이

권한 어떤 사람이나 기관의 권리나 권력이 미치는 범위.
집단 여럿이 모여 이룬 모임.

풀어 보아요

1. 민주 정치에 대한 설명으로 맞으면 O, 틀리면 × 표시를 하세요.

    (1) 국민이 나라의 주인이고, 다수 국민의 뜻에 따라 나라의 일을 결정해요. (   )

    (2) 우리나라는 민주주의 국가로, 누구나 차별받지 않고 평등하게 살 권리가 있어요. (   )

    (3) 자유가 있기 때문에 무슨 일이든지 자기 마음대로 할 수 있어요. (   )

2. 다음 〈보기〉에서 민주주의 국가에서 누릴 수 있는 권리 세 가지를 고르세요.

    〈보기〉 사람답게 살 권리   자유를 제한할 권리   선거를 할 권리
            국가에 봉사할 권리   행복을 누리며 살 권리

3. 전체주의의 특징으로 알맞지 <u>않은</u> 것은 무엇일까요?

    ① 국가와 민족 전체를 개인보다 더 중요하게 여겨요.
    ② 국민 한 사람 한 사람의 자유를 억눌러요.
    ③ 국가 권력이 국민의 생활을 강하게 통제해요.
    ④ 개인의 명예와 인격을 무엇보다 존중해요.

4. 앞의 글을 잘 읽고 빈칸에 들어갈 말을 써 보세요.

    독재 정치는 한 사람, 또는 소수 집단이 나라의 일을 결정하고, 나라를 다스리는 정치예요. 이러한 체제를 전체주의라고 해요. (1) _____가 지배했던 독일, (2) _____가 지배했던 이탈리아 등이 대표적인 전체주의 국가였어요.

읽어 보아요

12 선거의 4대 원칙

고대 **그리스**에서는 시민들이 직접 정치에 참여했어요. 한곳에 모여 의견을 내고 토론해 나랏일을 결정했지요. 하지만 오늘날에는 모든 국민이 직접 정치에 참여해 나라 살림을 꾸리기는 무척 어려워요. 그래서 **선거**를 통해 국민을 대신할 사람을 뽑게 되었어요. 우리나라에서는 대통령, 국회 의원, 도지사, 시장, 군수, 구청장, 지방 의회 의원 등을 선거를 통해 뽑고 있답니다.

선거는 국민이 정치에 참여할 수 있는 가장 기본적인 방법이에요. 국가의 주인으로서 권리를 행사하는 것이지요. 그래서 무엇보다 공정하고 민주적인 방식으로 이루어져야 해요. 이를 위해 민주주의 국가에서는 다음과 같은 4가지 원칙을 지키고 있어요.

첫째, 정해진 나이가 되면 차별 없이 누구에게나 선거권이 주어지는 **보통 선거**예요. 둘째, 한 사람이 한 표씩 평등하게 행사하는 **평등 선거**예요. 셋째, 후보자를 자유롭게 뽑을 수 있는 비밀을 보장하는 **비밀 선거**예요. 마지막으로, 다른 사람이 아닌 본인이 직접 투표해야 하는 **직접 선거**랍니다.

우리나라에서는 만 18세 이상의 국민이면 누구나 **선거권**을 보장받고 있답니다.

낱말풀이

선거권 선거에 참가해 투표할 수 있는 권리.

> 풀어 보아요

1. 다음 글을 읽으면서 알맞은 말에 O 표시를 하세요.

   국민들이 투표를 통해 여러 후보 가운데 가장 적합한 대표자를 뽑는 일을 (선수 / 선거 / 수레)라고 해요.

2. 선거에 참가해 투표할 수 있는 권리를 무엇이라고 하나요?
   ① 선거인　　　　② 선거권
   ③ 피선거권　　　④ 유권자

3. 선거의 4대 원칙과 그 내용을 선으로 연결해 보세요.
   ① 보통 선거　•　　•　㉠ 한 사람이 한 표씩 행사해요.
   ② 평등 선거　•　　•　㉡ 다른 사람이 대신해서는 안 되고 자기가 해야 해요.
   ③ 비밀 선거　•　　•　㉢ 일정 나이가 되면 누구에게나 선거권이 주어져요.
   ④ 직접 선거　•　　•　㉣ 자유롭게 뽑을 수 있도록 보장해요.

4. 다음 중 우리나라에서 선거를 통해 뽑는 공무원을 골라 보세요.

   시장　　교장　　대통령　　구청장　　검찰 총장

   대법관　　도지사　　군수　　경찰서장　　국회 의원

> 읽어 보아요

사회

13 태어나면서부터 갖는 인권

사람이면 누구에게나 **인권**이 있어요. 태어나면서부터 갖는 기본적 권리이기 때문이에요. 부자, 가난한 사람, 남자, 여자, 종교인, 장애인, 군인, 외국인, 내국인을 가리지 않지요. 그래서 하늘이 준 권리라는 뜻으로 **천부인권**이라고도 해요.

그럼 인권이라고 하는 기본적 권리에는 어떤 것들이 있을까요?

먼저 국가 권력에 의해 간섭을 받거나 침해를 받지 않을 **자유권**이 있어요. 모든 사람에게는 신체의 자유, 직업 선택의 자유, 양심의 자유, 종교의 자유, 학문과 예술의 자유 등등이 있어요. 다음으로 사람이 사람답게 살 수 있는 **생존권**이 있어요. 사람답게 살려면 기본적인 **의식주**를 해결해야 하기 때문에 일할 권리가 여기에 속해요. 또, 인종이나 종교, 성, 지역 등으로 인해 차별받지 않을 **평등권**이 있고, 생명의 가치를 존중받을 **생명권** 등이 있어요.

어린이와 청소년의 인권도 보호하고 있어요. **국제 연합**(UN)이 정한 '어린이와 청소년에 관한 권리 조약'을 보면, 어린이를 인종이나 성별을 이유로 차별해서는 안 되고, 어른은 어린이를 위해 필요한 것은 최선을 다해 제공해 주어야 하며, 모든 어린이에게 표현의 자유, 휴식을 취할 권리 등이 있다는 내용이 적혀 있답니다.

> 낱말 풀이

의식주 옷과 음식과 집을 통틀어 이르는 말.

> 풀어 보아요

1. 하늘이 준 권리라는 뜻으로 인권을 달리 부르는 이름은 무엇인가요?

2. 인간의 가장 기본적인 권리인 자유권에 속하지 <u>않는</u> 것을 고르세요.

   ① 신체의 자유 ② 종교의 자유
   ③ 세금을 안 낼 자유 ④ 학문과 예술의 자유

3. 인간이 가지는 기본적 권리와 그 내용을 선으로 연결해 보세요.

   ① 자유권 •　　　　　• ㉠ 사람이 사람답게 살 수 있는 권리
   ② 생존권 •　　　　　• ㉡ 생명의 가치를 존중받을 권리
   ③ 평등권 •　　　　　• ㉢ 국가 권력에 의해 침해받지 않을 권리
   ④ 생명권 •　　　　　• ㉣ 차별받지 않을 권리

4. 앞의 글을 잘 읽고 빈칸에 들어갈 말을 써 보세요.

   아무런 조건 없이 모든 아동에게는 자신이나 가족이 속한 인종, 피부색, 성별, 언어, 종교, 정치적 입장, 국적이나 사회적 출신, 재산, 그 밖의 신분에 의한 온갖 유형의 _____ 로부터 벗어나 권리를 누릴 자격이 보장되어야 한다.

읽어 보아요

14 대통령과 삼권 분립

세계 어느 나라에나 우리나라처럼 **대통령**이 있을까요? 물론 대통령이 있는 나라도 있지만, **국왕**이 다스리는 나라도 있어요. 또 국회에서 많은 표를 얻은 대표가 총리가 되어 나랏일을 책임지는 **의원 내각제**를 하는 나라도 있어요.

민주주의 국가는 대부분 우리나라처럼 국가 권력이 세 곳에 나뉘어 있어요. **입법부, 사법부, 행정부**예요. 입법부는 국회 의원들이 법을 만드는 곳으로 국회의장이 대표자예요. 사법부는 법관들이 법을 집행하는 곳으로 **대법원장**이 대표자예요. 행정부는 공무원들이 나라의 살림살이를 하는 곳으로 대통령이 대표자예요. 대통령은 또한 외국에 대하여 나라를 대표하는 국가 원수이기도 하지요.

행정부의 대통령이 일을 잘못하면 입법부의 국회 의원들이 쫓아낼 수 있어요. 입법부의 의원이 잘못하면 사법부에서 죄를 물을 수 있고요. 사법부의 주요 인물들은 행정부의 대통령이 임명해요. 이렇게 국가 권력은 서로 균형을 이루도록 되어 있는데, 이러한 제도를 **삼권 분립**이라고 해요.

낱말풀이

집행 실제로 시행함.
원수 한 나라에서 으뜸가는 권력을 지니면서 나라를 다스리는 사람.
균형 어느 한쪽으로 기울거나 치우치지 아니하고 고른 상태.

> 풀어 보아요

1. 다음 글을 읽으면서 알맞은 말에 ○ 표시를 하세요.

   국회에서 다수의 지지를 얻은 대표가 총리가 되어 나랏일을 책임지는 제도를 (대통령제 / 의원 내각제 / 군주제)라고 해요.

2. 외국에 대하여 나라를 대표하는 국가의 원수이자 정부의 최고 통치권자는 다음 중 누구인가요?

   ① 대통령　　　　　　② 국회의장
   ③ 대법원장　　　　　④ 총리

3. 국가 권력 기관과 하는 일을 선으로 연결해 보세요.

   ① 입법부 •　　　　　• ㉠ 나라의 일을 맡아 살림살이를 해요.
   ② 사법부 •　　　　　• ㉡ 법을 만들어요.
   ③ 행정부 •　　　　　• ㉢ 법을 해석하고 그에 따라 재판을 해요.

4. 앞의 글을 잘 읽고 빈칸에 들어갈 말을 써 보세요.

   우리나라는 국가 권력이 입법부, 사법부, 행정부에 나뉘어 있어요. 이렇게 나라를 다스리는 권력을 세 기관으로 나누어 서로 균형을 이루도록 하는 제도를 _____이라고 해요. 이것은 국가 권력이 어느 한쪽으로 쏠려 생길 수도 있는 문제를 막기 위한 제도예요.

읽어 보아요

15 국민의 의견, 여론

뉴스를 보다 보면 '**여론**이 안 좋다', '여론이 들끓는다' 등의 말을 들은 적이 있을 거예요. 이때 '여론'은 무얼 말하는 걸까요?

여론은 사회적인 문제에 대한 국민들의 공통된 의견이에요. 사람들이 모여 사는 사회에는 항상 여러 가지 문제가 일어나요. 예를 들어, 커다란 건물이 무너지는 사고가 일어났다고 해 봐요. 그러면 국민들은 텔레비전이나 인터넷, 스마트폰, 라디오 등의 뉴스를 통해 정보를 듣고 사고 상황을 알게 돼요. 그리고 그 정보를 바탕으로 이렇게 말하지요.

"아, 건물을 **부실**하게 지었군."

"건축물 관리와 감독을 강화해야겠어."

이와 같은 의견은 언론이나 **정당**, 여러 단체 등을 통해 정부에 전해져요. 민주주의 사회에서는 올바른 여론을 만들고 그것을 정책에 반영하는 것이 중요해요. 따라서 정부는 건축물을 좀 더 튼튼하게 짓도록 법을 고치는 등 대책을 세우지요.

흔히 '**민심**'이라고도 하는 여론은 이처럼 정치에 영향을 미쳐요. 그래서 정치가들은 항상 여론에 관심을 기울일 수밖에 없답니다.

부실 내용이 실속이 없고 충분하지 못함.
정당 정권을 잡을 목적으로 정치적인 의견을 같이하는 사람들이 만든 단체.

> 풀어 보아요

1. 다음 글을 읽으면서 알맞은 말에 O 표시를 하세요.

> 여론을 달리 부르는 이름으로, '국민들의 마음'이라는 뜻을 가진 (민심 / 천심 / 동심)
> 이라고 해요.

2. 다음 중 국민들이 정보를 얻는 수단을 〈보기〉에서 골라 보세요.

> 〈보기〉   텔레비전   자동차   라디오   수영장   놀이터   인터넷

3. 여론에 대한 설명으로 옳지 <u>않은</u> 것은 무엇인가요?
  ① 시간이 흘러도 절대 변하지 않아요.
  ② 사회적인 문제에 대한 국민들의 공통된 의견이에요.
  ③ 언제나 옳은 것은 아니에요.
  ④ 정치에 큰 영향을 미쳐요.

4. 앞의 글을 잘 읽고 빈칸에 들어갈 말을 써 보세요.

> 여론은 대다수 국민의 공통된 의견이에요. 따라서 한 나라의 정치, 사회에 커다란
> 영향력을 가지고 있어요. _____ 에서는 올바른 여론을 만들고
> 그것을 반영하는 것이 중요해요.

43

읽어 보아요

16 독약을 마신 소크라테스

고대 그리스 철학자 **소크라테스**는 시장이나 광장에서 사람들과 대화하기를 즐겼어요. 대화를 하고 **질문**을 함으로써 무엇이 잘못인지 깨닫게 해 주었지요. 그는 **진리**를 좇는 사람이었어요.

권력자를 비롯해 일부 시민들은 그런 소크라테스를 못마땅하게 여겼어요. 그래서 청년들을 잘못된 길로 빠지게 하고, **아테네**가 믿는 신을 믿지 않는다는 이유로 소크라테스를 법정에 **고발**했어요. 재판관들은 소크라테스가 죄를 뉘우치고 잘못했다고 빌기를 바랐어요. 그렇지만 소크라테스는 죄를 뉘우치기는커녕 오히려 큰소리를 쳤어요.

"나는 내가 모른다는 것을 안다. 내게 죄가 있다면 너희들의 **무지**를 깨우쳐 준 것뿐이다."

소크라테스의 친구와 제자들은 그가 사형당할 것을 두려워해 감옥에서 탈출시키려고 했어요. 하지만 소크라테스는 자신에게 유리할 때만 법을 지키고, 불리할 때는 법을 피하는 것이 자신의 신념에 맞지 않는다며 기꺼이 죽음을 택했어요.

"법이 권하는 대로 하세. 신이 우리를 그쪽으로 인도하니까."

그는 이렇게 말하며 태연히 독약을 마셨답니다.

낱말풀이

진리	참된 이치나 도리.
고발	잘못이나 비리 따위를 드러내어 알림.
무지	아는 것이 없음.

> 풀어 보아요

1. 소크라테스가 법정에 고발당한 두 가지 죄가 무엇인지 써 보세요.

   _____   _____

2. 소크라테스에 대한 설명으로 맞으면 O, 틀리면 X 표시를 하세요.

   (1) 진리를 좇은 고대 로마의 철학자였어요. (   )

   (2) 시장이나 광장에서 사람들과 대화하기를 즐겼어요. (   )

   (3) 질문을 함으로써 무엇이 잘못인지 깨닫게 해 주었지요. (   )

   (4) 권력자를 비롯해 시민들은 그를 무척 반겼어요. (   )

3. 소크라테스는 친구와 제자들이 감옥에서 탈출시키려 했지만 기꺼이 죽음을 택했어요. 그 이유는 무엇인가요?

   ① 그것이 죄를 뉘우치는 길이었기 때문에

   ② 탈출하려고 했지만 불가능하다고 판단했기 때문에

   ③ 자신의 죄를 인정하고 그에 맞는 벌을 받아야 한다고 생각했기 때문에

   ④ 법을 유리할 때는 지키고 불리할 때는 피하면 안 된다고 생각했기 때문에

4. 앞의 글을 잘 읽고 빈칸에 들어갈 말을 써 보세요.

   재판관들은 소크라테스가 죄를 뉘우치고 잘못했다고 빌기를 바랐어요. 그렇지만 소크라테스는 죄를 뉘우치기는커녕 오히려 큰소리를 쳤어요.
   "나는 내가 모른다는 것을 안다. 내게 죄가 있다면 너희들의 _____ 를 깨우쳐 준 것뿐이다."

인물

> 읽어 보아요

17 알렉산드로스 대왕과 디오게네스

아주 오래전, **알렉산드로스 대왕**이 사는 **마케도니아**에 이상한 철학자가 나타났어요. 그는 집도 없이 거리에서 사는 **디오게네스**였어요. 디오게네스는 별난 사람이었어요. 개 짖는 소리를 내며 돌아다니기도 하고, 정직한 사람을 찾는다며 환한 대낮에 등불을 들고 거리를 헤매기도 했지요. 그러면서도 자기가 알렉산드로스 대왕보다 더 행복하다며 만족스러워했어요. 그의 삶의 목표는 '욕심 없이 살기, 지금 이 순간에 만족하기, 아무것도 부끄러워하지 않기'였어요.

하루는 알렉산드로스 대왕이 그를 찾아와 물었어요.

"난 세계를 정복한 후 실컷 놀 생각인데, 어떻게 생각하오?"

그러자 디오게네스가 웃으며 말했어요.

"실컷 놀기 위해서라면 세계를 정복하는 일을 그만두면 될 것 아니오."

알렉산드로스 대왕은 고개를 끄덕였어요. 그러면서 스승으로 모시고 싶으니 함께 궁전으로 가자고 했어요. 하지만 디오게네스는 고개를 저었어요.

"지금 내 소원은 단 하나, 햇빛을 쬐고 싶은데 대왕께서 가리고 있으니 좀 비켜 주시겠소?"

알렉산드로스 대왕은 아무 말도 못 하고 옆으로 비켜설 수밖에 없었어요.

> **낱말풀이**
>
> **알렉산드로스 대왕** 그리스, 페르시아, 인도에 이르는 대제국을 건설한 마케도니아의 왕.

> 풀어 보아요

1. 다음 중 디오게네스의 삶의 목표가 <u>아닌</u> 것은 무엇인가요?

   ① 욕심 없이 살기 ② 지금 이 순간에 만족하기

   ③ 세계를 정복하기 ④ 아무것도 부끄러워하지 않기

2. 알렉산드로스 대왕은 어느 나라의 왕이었는지 써 보세요.

3. 디오게네스에 대한 설명으로 맞으면 O, 틀리면 X 표시를 하세요.

   (1) 정직한 사람을 찾는다며 환한 대낮에 등불을 들고 거리를 헤매었어요. (   )

   (2) 자기가 알렉산드로스 대왕보다 더 행복하다며 만족스러워했어요. (   )

   (3) 자신이 사는 모습을 부끄러워해 아무 데도 가지 않으려 했어요. (   )

   (4) 알렉산드로스 대왕을 따라 궁전에 들어가 그의 스승이 되었어요. (   )

4. 앞 글의 중심 주제는 무엇인가요?

   ① 나라를 다스리는 왕보다 철학자가 더 행복하다.

   ② 철학자는 보통 사람처럼 행동하지 않고 특이한 행동을 한다.

   ③ 세계를 정복하는 일은 결코 쉬운 일이 아니다.

   ④ 욕심 없이 지금 순간에 만족하며 사는 것이 행복이다.

읽어 보아요

인물

18 맹모삼천지교

옛날에 **맹자**의 어머니가 묘지 근처로 이사를 갔어요. 그때 어린 맹자는 매일같이 듣는 것이 슬피 우는 **곡소리**여서 늘 그 흉내만 냈어요.

"아이고~ 아이고~."

맹자의 어머니는 묘지 근처는 자식을 기를 곳이 못 된다고 생각하고, 시장 근처로 다시 이사를 갔어요. 그러자 맹자는 장사꾼 흉내를 냈어요.

"자, 생선 사세요. 팔딱팔딱 싱싱한 생선이에요."

맹자의 어머니는 시장도 자식 기를 곳이 아니라 여기고, 다시 서당 근처로 이사를 했어요. 그러자 맹자는 낮이고 밤이고 글 읽는 흉내를 냈답니다.

"하늘 천, 땅 지, 검을 현, 누를 황……."

맹자의 어머니는 이곳이야말로 자식을 기르기에 적당한 곳이라 여기고 서당 근처에 자리를 잡고 살았다고 해요. 이런 까닭에 **맹모삼천지교**(孟母三遷之敎: 맹자의 어머니가 맹자의 교육을 위해 세 번이나 이사를 함)라는 말이 생겨났어요. 교육에는 주위 환경이 중요하다는 가르침을 주고 있지요. 그 덕분에 맹자는 위대한 학자가 될 수 있었어요.

낱말풀이

곡소리 제사나 장례를 지낼 때 일정한 소리를 내며 우는 소리.

1. 맹자의 어머니는 맹자를 위해 세 번 이사를 갔어요. 어디로 갔는지 아래 빈칸에 써 보세요.

   ☐ → ☐ → ☐

2. 묘지 근처에서 맹자가 곡소리를 흉내 낸 까닭은 무엇인가요?

   ① 곡을 하는 사람들을 보자 슬픈 생각이 들어서
   ② 곡소리를 자주 들어 곡을 하는 것이 자연스러웠기 때문에
   ③ 곡소리를 내며 목청을 마음껏 틔우려고
   ④ 곡소리를 하면 어머니가 이사를 갈 것이기 때문에

3. '맹모삼천지교(孟母三遷之敎)'의 한자를 잘 보고, 그 뜻을 아래에 써 보세요.

   _____

4. 앞의 글이 주는 가르침으로 맞으면 O, 틀리면 X 표시를 하세요.

   (1) 교육에는 주위 환경이 중요하다. (　)
   (2) 자식을 잘 기르려면 이사를 자주 다녀야 한다. (　)
   (3) 어디를 가든지 그곳 사람들의 흉내를 잘 내야 한다. (　)
   (4) 자식을 가르치려면 어머니가 교육을 잘 받아야 한다. (　)

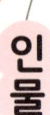

읽어 보아요

19 마호메트와 이슬람교

마호메트는 **알라신**을 믿는 **이슬람교**의 창시자예요.

그는 꿈에서 가브리엘 천사를 만나 계시를 받았어요.

"인간을 창조한 알라신은 세상에 단 하나뿐인 고귀한 신이시다."

마호메트는 알라신을 믿고 절대 복종하겠다고 약속했어요.

마호메트는 아내 **하디자**에게 꿈 이야기를 했어요. 그러자 아내는 알라신의 예언자인 마호메트를 믿고 따르겠다며 첫 번째 이슬람 신자가 되었지요. 마호메트는 이슬람교를 사람들에게 널리 전해 이슬람의 전달자라고 불리기도 해요.

그 후 이슬람교는 기독교, 불교, 힌두교와 함께 세계 4대 종교 중 하나가 되었어요. 지금은 전 세계 인구의 약 1/4인 20억 명 넘는 사람들이 이슬람교를 믿고 있어요. 원래 '이슬람'이라는 말은 '순종하다'라는 의미를 가진 아랍어인데, 종교적으로 '알라에게 절대 순종한다.'라는 뜻을 담고 있답니다. 기독교 하면 **사랑**, 불교 하면 자비를 떠올리듯, 이슬람교는 **평화**를 기원하는 종교랍니다.

낱말풀이

창시자 종교나 학설 따위를 처음으로 시작하거나 내세운 사람.
예언자 앞으로 다가올 일을 미리 짐작해 말하는 사람.
자비 남을 깊이 사랑하고 가엾게 여김.

> 풀어 보아요

1. 이슬람교에서 말하는 세상에 하나뿐인 고귀한 신은 누구인가요?

2. 다음 중 이슬람교와 관련 있는 단어를 골라 보세요.

   순종하다   부처   마호메트   디오니소스

   보리수나무   하디자   힌두교   가브리엘

3. 종교와 그 종교가 추구하는 제일의 가치를 선으로 연결해 보세요.

   ① 기독교 ・   ・ ㉠ 평화
   ② 불교 ・   ・ ㉡ 자비
   ③ 이슬람교 ・   ・ ㉢ 사랑

4. 이슬람교에 대한 설명으로 옳지 <u>않은</u> 것을 고르세요.

   ① 마호메트가 이슬람교의 유일한 신이에요.
   ② 마호메트의 아내는 첫 번째 이슬람 신자가 되었어요.
   ③ 이슬람교는 기독교, 불교, 힌두교와 함께 세계 4대 종교 중 하나예요.
   ④ 마호메트는 이슬람의 전달자라고 불리기도 해요.

읽어 보아요

20 석가모니와 불교

아주 오래전, **히말라야산맥** 남쪽에 작은 왕국이 있었어요. 왕비였던 **마야 부인**은 친정에 가는 길에 **룸비니**에서 아기를 낳았어요. 이 아기가 **싯다르타**, 훗날 불교를 만든 석가모니랍니다.

싯다르타는 왕궁 사람들의 사랑을 한 몸에 받으며 자랐어요. 하지만 어느 순간 인간의 네 가지 고통을 알게 되었어요. 바로 **생로병사**의 괴로움이지요.

생각이 깊었던 싯다르타는 인간의 괴로움에서 벗어나고자 왕궁을 나와 **고행**의 길을 떠났어요. 그러다 마침내 커다란 **보리수나무** 아래에서 깨달음을 얻었어요. 인간의 고통에서 벗어나 부처가 된 거예요. 그때 싯다르타의 나이 35세였어요. 석가모니는 자신이 깨달은 진리를 제자들에게 전했어요.

"욕심이 있으면 괴로움이 생겨 깨달음을 얻을 수 없어요. 그러니 자비로운 마음을 가지세요."

석가모니가 깨달은 진리를 믿는 종교가 바로 불교예요. 석가모니는 45년 동안 인도 각지를 돌아다니며 자신의 깨달음을 전했어요. 그 후 수많은 사람들이 그의 가르침을 따르며 불교 신자가 되었어요.

생로병사 사람이 나고 늙고 병들고 죽는, 네 가지 고통.
고행 몸으로 견디기 어려운 일들을 함으로써 수행을 쌓는 일.

> **풀어 보아요**

1. 싯다르타와 불교에 대한 설명으로 옳지 <u>않은</u> 것을 고르세요.

    ① 싯다르타는 히말라야산맥 남쪽에 있는 작은 왕국의 왕자였어요.

    ② 싯다르타는 35세에 깨달음을 얻어 부처가 되었어요.

    ③ 불교는 기독교, 이슬람교, 힌두교와 함께 세계 4대 종교의 하나예요.

    ④ 싯다르타도 인간의 고통에서 벗어나지 못하고 죽었어요.

2. 다음 중 불교와 관련 있는 단어를 골라 보세요.

    메카   석가모니   예루살렘   마야 부인

    보리수나무   예수   룸비니   십자가

3. 사람이 나고 늙고 병들고 죽는 네 가지 고통을 한자어로 무엇이라고 하나요?

    | | | | |

4. 앞의 글을 잘 읽고 빈칸에 들어갈 말을 써 보세요.

> 석가모니가 깨달은 진리를 믿는 종교가 바로 _____ 예요. 석가모니는 45년 동안 인도 각지를 돌아다니며 자신의 깨달음을 전했어요. 세계적으로 신자 수는 약 4억 명이며, 우리나라에도 믿는 사람이 많은 대표적인 종교랍니다.

쑥쑥 쏙쏙 문해력 완성 ❸

색칠하기

1. 다음 중에서 사람이나 사물의 소리를 흉내 내는 낱말(의성어)을 찾아 보세요.

둥둥	싱글벙글	땡땡
송알송알	달그락달그락	아득바득
꼬꼬댁	옹기종기	꾀꼴꾀꼴
포동포동	지지배배	아삭아삭
오들오들	우당탕	하늘하늘

2. 다음 중에서 사람이나 사물의 모양이나 움직임을 흉내 내는 낱말(의태어)을 찾아 보세요.

누구누구	뒤뚱뒤뚱	쌕쌕
초롱초롱	오래오래	아장아장
시시비비	건들건들	새록새록
대대손손	멍멍	올망졸망
팔랑팔랑	삼삼오오	길쭉길쭉

읽어 보아요

21 우리 동네 돌아보기

새봄이가 사는 동네에는 벽이 하얀 집들이 많아요. 하얀 벽에는 멋진 그림들이 그려져 있어요. 울긋불긋 단풍나무와 초록 잎이 우거진 숲, 하늘을 나는 비행기와 푸른 바다를 가르는 돛단배, 벼가 누렇게 익은 너른 들판도 있어요. 신나는 놀이공원이 그려진 벽도 있고요.

벽을 따라가다 보면 물건을 파는 가게들이 나와요. 꽃집, 빵집, 약국, 옷 가게, 과일 가게, 분식점, 미용실, 생선 가게, 슈퍼 그리고 지난번에 가족과 함께 사진을 찍은 '행복 사진관'도 있어요. 엄마와 함께 목욕하러 갔던 목욕탕도 나오고요.

새봄이가 자주 가는 **문방구**에는 학용품과 장난감들이 산더미처럼 쌓여 있어요. 그 옆에 꽃나무와 놀이 기구가 있는 공원이 있어요. 새봄이는 공원에서 친구들과 모래성을 쌓거나 장난감을 가지고 놀고, 시소와 그네를 타며 시간 가는 줄 모르고 놀아요.

골목을 빠져나와 큰길로 내려가면 새봄이 동생이 다니는 어린이집, 학교와 마을을 지켜 주는 경찰서, 편지를 모아 전해 주는 우체국, 불자동차가 대기하고 있는 **소방서**가 나와요. 새봄이가 다니는 초등학교도 있지요. 새봄이는 사람들이 옹기종기 모여 사는 이 동네가 참 좋답니다.

학용품 연필, 공책 등 학습에 필요한 물건

> 풀어 보아요

1. 새봄이네 동네에는 어떤 집들이 많이 있나요?

   ① 붉은 벽돌집　　　　　　　② 벽이 하얀 집
   ③ 노란 아파트　　　　　　　④ 울긋불긋한 이층집

2. 다음 중 새봄이네 동네 집들의 벽에 그려진 그림들을 골라 보세요.

   학교　들판　단풍나무　돛단배　약국
   불자동차　비행기　구름　장난감　놀이공원

3. 새봄이가 가족과 함께 사진을 찍은 곳은 어디인지 써 보세요.

   _____

4. 앞의 글을 잘 읽고 빈칸에 들어갈 말을 써 보세요.

   > 새봄이네 동네에는 새봄이 동생이 다니는 어린이집, 학교와 마을을 지켜 주는 경찰서, 편지를 모아 전해 주는 (1)_____ , 불자동차가 대기하고 있는 (2)_____ 가 있어요. 새봄이가 다니는 초등학교도 있지요.

경제

읽어 보아요

22 재래시장과 대형 마트

재래시장은 옛날부터 사람들이 많이 모여 살던 곳에 생겼어요. 그래서 각 지방마다 시장이 없는 곳이 없답니다. 서울 남대문 시장, 대구 서문 시장, 전주 남부 시장, 제주 동문 시장 등은 전국적으로 유명해요. 재래시장은 오랜 기간에 걸쳐 자연스럽게 생겨난 시장으로, **전통 시장**이라고도 해요. 매일 열리는 시장도 있지만, 특히 5일마다 열리는 시장을 **오일장**이라고 불러요. 대표적으로 정선 오일장이 있지요.

재래시장은 대형 마트보다 물건이 다양하지 않아요. 그런데도 사람들은 재래시장을 많이 찾아요. 재래시장에서는 물건 값을 깎을 수도 있고, 덤으로 더 얻을 수도 있거든요. 또 북적거리는 시장에 가면 사람 사는 정을 느낄 수 있어요.

대형 마트는 흔히 **대형 할인 매장**을 말해요. 공장이나 **생산자**로부터 물건을 한꺼번에 많이 사 와서 팔기 때문에 가격이 비교적 싸다는 장점이 있어요. **농수산물**과 **공산품** 등 다양한 물건을 한곳에서 살 수 있어서 편리하고, 주차장과 휴식 공간, 문화 공간이 갖춰져 있는 특징이 있어요.

그 밖에 물건을 파는 곳이 아닌 시장도 있어요. 세탁소, 미용실, 카센터, 영화관 등은 사람들을 만족시켜 주는 **서비스 시장**에 속해요.

공산품 사람이나 기계의 힘으로 가공해 만들어 내는 물건.

> 풀어 보아요

1. 재래시장을 달리 부르는 이름이 무엇인지 써 보세요.

   _____

2. 다음 중 재래시장의 장점으로 맞으면 O, 틀리면 × 표시를 하세요.

    (1) 사람 사는 정을 느낄 수 있어요. (   )

    (2) 물건을 덤으로 더 얻을 수도 있어요. (   )

    (3) 대형 마트보다 물건이 다양하지 않아요. (   )

    (4) 주차할 곳이 마땅하지 않을 때도 있어요. (   )

3. 다음 중 대형 마트의 장점이 <u>아닌</u> 것은 무엇인가요?

    ① 물건을 한꺼번에 많이 사 와서 팔기 때문에 가격이 비교적 싸요.

    ② 다양한 물건을 한곳에서 살 수 있어서 편리해요.

    ③ 휴식 공간과 문화 공간이 갖춰져 있어요.

    ④ 물건 값을 깎을 수 있어요.

4. 물건을 파는 시장이 아닌 서비스 시장에 속하는 곳을 골라 보세요.

   〈보기〉 철물점   세탁소   영화관   과일 가게   미용실   피자 가게

경제

읽어 보아요

23 돈의 탄생

아주 먼 옛날에는 스스로 만들어 먹고 쓰는 **자급자족** 생활을 했어요. 직접 농사를 지어 농작물을 얻고, 사냥을 하여 고기를 얻었지요. 그러다가 서로 필요한 물건을 바꾸어 쓰기 시작했어요. 이것을 **물물 교환**이라고 해요.

하지만 물건을 바꿔 쓰는 데는 어려움이 많았어요. 시간이 지나면 채소와 과일 같은 농산물은 시들고, 조개와 생선 같은 수산물은 상하니까요. 그래서 사람들은 어떤 물건을 돈처럼 사용하기 시작했어요. 조개껍데기가 귀한 곳에서는 조개껍데기를 돈으로 썼고, 짐승 털가죽이 귀한 곳에서는 털가죽을 돈으로 썼어요. 깃털이나 돌멩이를 돈으로 쓰기도 했지요.

그러다 쇳덩이나 금과 은을 돈처럼 사용했어요. 하지만 금속을 돈처럼 사용하는 것도 문제가 있었어요. 가짜 금이나 은이 만들어져 구별하기가 어려웠거든요. 그래서 동전을 만들어 쓰기 시작했어요. 그런데 동전은 무거워 많은 양을 갖고 다니기가 힘들었어요. 이런 문제를 해결하기 위해 만든 것이 **종이돈**이에요. 종이에 적힌 숫자 크기만큼 물건을 살 수 있게 한 것이지요. 종이돈은 함부로 만들지 못하게 복잡한 그림을 그려 넣기도 했어요.

낱말풀이

| 자급자족 | 필요한 물건을 스스로 생산해 채움. |

풀어 보아요

1. 다음 글을 읽으면서 알맞은 말에 ○ 표시를 하세요.

> 먼 옛날에 직접 농사를 지어 농작물을 얻고, 사냥을 하여 고기를 얻었던 생활을 (자기만족 / 자급자족 / 자수성가) 생활이라고 해요.

2. 다음 중 물건을 바꿔 쓰는 데 따르는 어려움이 <u>아닌</u> 것은 무엇인가요?

① 배추를 수박과 바꾸려고 기다리다 보니 시들었어요.
② 생선을 바구니와 바꾸려고 기다리다 보니 상하고 말았어요.
③ 돌로 만든 도끼 하나와 화살 열 대를 바꾸어 썼어요.
④ 조개를 사과와 바꾸려고 기다리다 보니 못 먹게 됐어요.

3. 다음은 돈이 발달한 과정을 나타낸 것이에요. 빈칸에 들어갈 알맞은 것을 써 보세요.

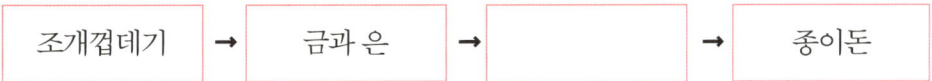

조개껍데기 → 금과 은 → ☐ → 종이돈

4. 위 글의 내용에 대한 설명으로 맞으면 ○, 틀리면 ✕ 표시를 하세요.

(1) 서로 필요한 물건을 바꿔 쓰는 것을 물물 교환이라고 해요. (　)
(2) 물물 교환에 어려움이 많아지자 사람들은 어떤 물건을 돈처럼 사용했어요. (　)
(3) 조개껍데기, 짐승 털가죽, 깃털이나 돌멩이를 돈으로 사용하기도 했어요. (　)
(4) 금속을 돈으로 사용하는 데는 아무 문제가 없었어요. (　)

경제

읽어 보아요

24 화폐 속 인물

미국의 1달러짜리 종이돈에는 1대 대통령인 **조지 워싱턴**이 그려져 있어요. 우리나라에서 사용하는 종이돈에는 어떤 인물이 그려져 있는지 살펴본 적이 있나요? 사람들은 다른 나라의 돈을 보면 그 나라를 대표하는 위인도 함께 보게 돼요. 중국의 마오쩌둥, 영국의 **엘리자베스 2세**, 인도의 **간디**처럼 종이돈에 자기 나라를 잘 알릴 수 있는 인물을 넣어 만들기 때문이에요.

우리나라의 종이돈에도 위인들이 그려져 있어요. 천 원짜리에는 조선 시대의 유명한 학자 **퇴계 이황**이 그려져 있어요. 오천 원짜리에는 이황과 **쌍벽**을 이루던 **율곡 이이**, 만 원짜리에는 한글을 만든 **세종 대왕**, 오만 원짜리에는 조선 시대의 예술가이자 율곡 이이의 어머니인 **신사임당**이 그려져 있지요. 또, 백 원짜리에는 충무공 이순신 장군이 들어가 있어요.

현재 전 세계 종이돈에 가장 많이 등장하는 인물은 영국 여왕 엘리자베스 2세예요. 영국의 지배를 받았던 캐나다, 뉴질랜드 등 15개국에서 엘리자베스 2세를 종이돈에 넣어 사용하기 때문이랍니다.

| 쌍벽 | 여럿 가운데 특별히 뛰어난, 우열을 가리기 어려운 둘을 비유적으로 이르는 말. |

풀어 보아요

1. 우리나라의 종이돈에 그려진 인물이 누구인지 써 보세요.

    (1) 오만 원짜리 → (   )

    (2) 만 원짜리 → (   )

    (3) 오천 원짜리 → (   )

    (4) 천 원짜리 → (   )

2. 다음의 나라와 그 나라의 종이돈에 그려진 인물을 선으로 연결해 보세요.

    ① 미국 ・　　　　　　・ ㉠ 마오쩌둥

    ② 인도 ・　　　　　　・ ㉡ 조지 워싱턴

    ③ 영국 ・　　　　　　・ ㉢ 마하트마 간디

    ④ 중국 ・　　　　　　・ ㉣ 엘리자베스 2세

3. 화폐 속 인물에 대한 설명으로 옳지 <u>않은</u> 것을 고르세요.

    ① 보통 그 나라를 대표하는 인물이 들어가 있어요.

    ② 자기 나라를 잘 알릴 수 있는 인물을 넣어 만들어요.

    ③ 그 나라의 위인만 넣는 것이 원칙이에요.

    ④ 우리나라의 화폐에도 우리나라를 대표하는 위인들이 그려져 있어요.

4. 다음 글을 읽으면서 알맞은 말에 〇 표시를 하세요.

    > 현재 전 세계의 종이돈에 가장 많이 등장하는 인물은 (세종 대왕 / 엘리자베스 2세 여왕 / 마오쩌둥)이에요.

경제

읽어 보아요

25 돈의 이름과 가치

세계 여러 나라를 여행하다 보면 각 나라마다 사용하는 돈이 다르듯이 돈을 부르는 이름도 다르답니다. 먼저 우리나라는 돈의 단위가 **원**이에요. 1원, 10원, 100원, 1,000원……. 1962년부터 지금까지 줄곧 사용하고 있지요. 미국은 잘 알려진 것처럼 **달러**를 사용하고, 중국은 **위안**, 일본은 **엔**, 영국은 **파운드**, 인도는 **루피**, 유럽 연합은 **유로**를 사용해요.

그럼 각 나라의 돈의 값어치는 모두 같을까요? 그렇지 않답니다. 경제가 발전하고 잘사는 나라의 돈은 값어치가 높고, 경제가 어렵고 가난한 나라의 돈은 값어치가 낮아요. 또 다른 나라에서 우리나라 돈을 필요로 하는 사람이 많아지면 우리나라 돈의 값어치가 올라가고, 필요로 하는 사람이 적어지면 값어치가 떨어져요.

이처럼 돈의 가치는 나라마다 다르고 수시로 달라져요. 그래서 외국 돈을 우리나라 돈으로 바꾸려면 **환율**을 따져 봐야 해요. 이를테면 미국의 1달러는 우리나라 돈 약 1,200원, 중국의 1위안은 180~190원, 유럽 연합의 1유로는 1,350원의 가치를 갖고 있어요. 이 기준에 따라 돈을 교환하는데, 이것을 **환전**한다고 해요.

환율 자기 나라 돈과 다른 나라 돈의 교환 비율.

> **풀어 보아요**

1. 각 나라의 돈의 값어치에 대한 설명으로 옳지 <u>않은</u> 것을 고르세요.

   ① 경제가 발전하고 잘사는 나라의 돈은 값어치가 높아요.

   ② 경제가 어렵고 가난한 나라의 돈은 값어치가 낮아요.

   ③ 외국에서 우리나라 돈을 많이 찾으면 우리나라 돈의 값어치가 올라가요.

   ④ 경제 발전과 돈의 값어치는 아무런 상관이 없어요.

2. 다음의 나라와 그 나라의 화폐를 선으로 연결해 보세요.

   ① 미국　　·　　　　　　·　㉠ 루피

   ② 중국　　·　　　　　　·　㉡ 파운드

   ③ 영국　　·　　　　　　·　㉢ 달러

   ④ 일본　　·　　　　　　·　㉣ 유로

   ⑤ 인도　　·　　　　　　·　㉤ 위안

   ⑥ 유럽 연합 ·　　　　　　·　㉥ 엔

3. 앞의 글을 잘 읽고 빈칸에 들어갈 말을 써 보세요.

   > 돈의 가치는 나라마다 다르고 수시로 달라져요. 그래서 외국 돈을 우리나라 돈으로 바꾸려면 _____ 을 따져 봐야 해요. 이를테면 미국의 1달러는 우리나라 돈 약 1,200원의 가치를 갖고 있어요.

4. 우리나라 돈에 대한 달러의 환율이 1,200원이라고 할 때, 우리나라 돈 12만 원을 달러로 환전하면 몇 달러가 될까요?

쑥쑥 쏙쏙 문해력 완성 ❹

끝말잇기

1. 친구들이 두 글자 끝말잇기 놀이를 하고 있어요. 다음 빈칸에 들어갈 알맞은 우리말 낱말을 넣어 보세요.

학생 → ☐ → 각오 → ☐ →

☐ → 발명 → ☐ →

☐ → 족구 → ☐ → 멍석 →

☐ → ☐ → 자라

*여러 가지 정답이 나올 수 있어요.

2. 친구들이 세 글자 끝말잇기 놀이를 하고 있어요. 다음 빈칸에 들어갈 알맞은 우리말 낱말을 넣어 보세요.

비행기 → ☐ → 길잡이 → ☐ →

소방서 → ☐ → 문방구 → ☐ →

☐ → 자서전 → ☐ → 기술자 →

☐ → ☐ → 말모이 →

☐ → 표준어

*여러 가지 정답이 나올 수 있어요.

문화유산

읽어 보아요

26 고구려 고분 벽화

우리가 **고구려** 사람들을 본 적은 없지만, 그들의 생활을 엿볼 수 있는 유적이 남아 있어요. 바로 고구려의 고분 **벽화**예요. 고분 벽화는 고대의 무덤의 천장이나 벽면에 그려 놓은 그림이에요.

고구려의 고분은 주로 왕이나 왕족 또는 귀족들의 무덤으로 알려져 있어요. 벽화의 내용은 무덤의 주인이 생활하는 모습을 그대로 옮겨 놓은 듯 그려져 있어요. 초상화와 나들이하는 모습, 말을 타고 사냥하는 모습, 춤추는 모습, 씨름하는 모습 등 다양해요.

또 동서남북 네 방향을 지키는 상상의 동물이나 고구려인이 꿈꿨던 하늘 세계의 모습, 불교와 관련된 그림, 영원한 삶에 대한 희망과 바람 등 죽음 뒤의 세계를 그린 벽화도 있어요.

고구려 고분 벽화는 북한의 평양과 대동강 근처, 중국의 지안현 근처에 많이 남아 있어요. 고분 벽화는 고구려인의 생각과 종교, **생활 풍속** 등을 연구하는 데 귀중한 자료가 되고 있지요.

낱말풀이

유적   역사적인 흔적이 남아 있는 건축물이나 싸움터, 무덤 등.
고분   고대에 만들어진 무덤.

> 풀어 보아요

1. **다음 글을 읽으면서 알맞은 말에 O 표시를 하세요.**

   고대에 만들어진 무덤 안의 천장이나 벽면에 그려 놓은 그림을 (고분 탱화 / 고분 벽화 / 고분 만화)라고 해요.

2. **고구려 고분 벽화에 대한 설명으로 맞으면 O, 틀리면 × 표시를 하세요.**

   (1) 주로 왕이나 왕족 또는 귀족들의 무덤으로 알려져 있어요. (   )

   (2) 무덤 주인이 생활하는 모습을 그대로 옮겨 놓은 듯 그려져 있어요. (   )

   (3) 주로 현실 세계일 뿐, 죽음 뒤의 세계를 그린 벽화는 없어요. (   )

   (4) 고구려인의 생각이나 종교, 생활 풍속을 연구하는 데 귀중한 자료예요. (   )

3. **다음 중 고구려 고분 벽화가 남아 있는 지역이 아닌 곳은 어디일까요?**

   ① 북한 평양 근처　　　② 북한 대동강 근처
   ③ 중국 지안현 근처　　④ 서울 근처

4. **앞의 글을 잘 읽고 빈칸에 들어갈 말을 써 보세요.**

   고구려 고분 벽화에는 동서남북을 지키는 상상의 동물을 그린 사신도, 고구려인이 꿈꿨던 하늘 세계의 모습, 연꽃무늬 등 _____와 관련된 그림, 영원한 삶에 대한 희망과 바람 등 죽음 뒤의 세계를 그린 그림 등이 있어요.

문화유산

읽어 보아요

27 백제 무령왕릉

1971년 여름, 충청남도 공주 송산리 고분군에서 백제 **무령왕릉**이 발견되어 세상을 깜짝 놀라게 했어요. 고분 주변에 물길을 만들던 중 우연히 발견했지요. 벽돌로 만든 무덤이 약 1,500년 만에 세상에 모습을 드러낸 거예요.

무령왕은 백제의 제25대 왕이에요. 삼국 시대의 왕릉 가운데 무덤의 주인이 확실하게 밝혀진 것은 무령왕릉뿐이에요. 무덤의 주인이 무령왕과 왕비임을 알려 주는 묘지석이 나왔거든요. 그뿐 아니라 금으로 만든 관장식, 금귀고리, 목걸이, 은팔찌, 금동 신발, 왕비가 베고 있던 나무 머리 받침 등 4,600점이 넘는 귀중한 **문화유산**이 줄줄이 나왔어요. 국보로 지정된 것만도 12점이나 되었지요.

그중에는 중국의 영향을 받은 돌짐승 조각상과 도자기를 비롯해 일본산 금송으로 만든 목관, 태국, 인도와 교류했음을 보여 주는 장신구 등이 들어 있었어요. 이를 통해 우리는 백제의 활발한 국제적 **문화 교류**는 물론 백제의 문화와 예술 수준이 아주 높았다는 것을 알 수 있답니다.

낱말풀이

묘지석	죽은 사람이 평생 한 일을 기록한 돌판.
관장식	관을 꾸미는 데 쓰던 물건.
장신구	반지, 귀고리, 팔찌 등 몸치장을 하는 데 쓰는 물건.

> 풀어 보아요

1. 삼국 시대의 왕릉 가운데 무덤의 주인이 확실하게 드러난 것은 무령왕릉뿐이라는데, 무엇을 보고 알았을까요?

2. 백제의 무령왕릉에 대한 설명으로 맞으면 O, 틀리면 × 표시를 하세요.

    (1) 공주 송산리 고분군에서 백제 시대의 유적을 발굴하던 중 발견했어요. (   )

    (2) 무령왕릉에서는 왕비가 베고 있던 나무 머리 받침 등 많은 유물이 나왔어요. (   )

    (3) 출토된 유물로 미루어 보아, 당시 백제의 문화와 예술 수준이 아주 높았음을 알 수 있어요. (   )

3. 다음 중 무령왕릉에서 나온 귀중한 문화유산을 골라 보세요.

    (금관)　(돌짐승)　(금귀고리)　(황금 갑옷)

    (은팔찌)　(은관)　(금동 신발)　(관장식)

4. 앞의 글을 잘 읽고 빈칸에 들어갈 말을 써 보세요.

    > 무령왕릉에서 나온 문화유산 중에는 (1) _____ 의 영향을 받은 돌짐승 조각상과 도자기, 일본산 금송으로 만든 목관, 태국, 인도와 교류했음을 보여 주는 (2) _____ 등이 있어요. 이를 통해 우리는 백제가 다른 나라와 문화 교류가 활발했음을 알 수 있답니다.

문화유산

읽어 보아요

28 문무왕과 대왕암

태종 **무열왕**에 이어 신라 제30대 왕에 오른 **문무왕**은 백제와 고구려를 멸망시키고 삼국을 통일한 업적을 남겼어요. 문무왕은 죽기 전에 이런 말을 남겼어요.

"나는 죽어서 동해의 용이 되어 왜구의 침략을 막을 것이다. 그러니 내가 죽거든 동해 바다에서 **장사**를 지내도록 하라."

문무왕에 이어 왕이 된 **신문왕**은 아버지의 뜻을 받들어 동해 바다에 무덤을 만들었어요. **대왕암**이라 불리는 이 바다 무덤은 네 개의 커다란 바위가 사방을 막고 있고, 중앙에 거북 등 모양의 바위가 자리 잡고 있어요. 대왕암은 세계 어디서도 볼 수 없는 바다 무덤이랍니다.

신문왕은 문무왕이 용으로 변한 모습을 보였다는 바닷가 언덕 위에 언제든지 대왕암을 볼 수 있게 **이견대**라는 정자를 었어요. 또 그곳에서 멀지 않은 곳에 아버지의 은혜에 감사한다는 뜻으로 **감은사**라는 절을 지어 문무왕의 뜻을 **기렸지요**. 현재 이견대는 복원되었고, 감은사는 절터와 두 개의 3층 석탑만 남아 있어요.

낱말풀이

장사	죽은 사람을 땅에 묻거나 화장하는 일.
기리다	뛰어난 업적이나 바람직한 정신, 위대한 사람 따위를 칭찬하고 기억하다.

> 풀어 보아요

1. 다음 신라 왕의 순서에서 빈칸에 들어갈 왕은 누구인지 써 보세요.

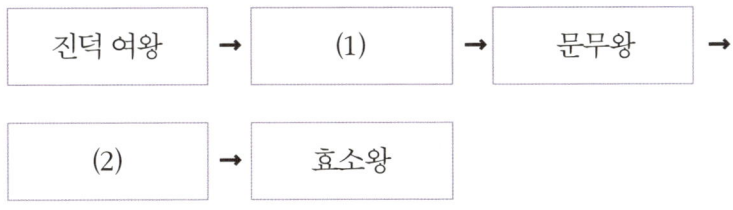

2. 대왕암에 대한 설명으로 맞으면 O, 틀리면 × 표시를 하세요.

    (1) 신문왕이 아버지의 뜻을 받들어 동해 바다에 만들었어요. (   )

    (2) 대왕암은 여덟 개의 커다란 바위가 사방에 둘러쳐져 있어요. (   )

    (3) 가운데에는 거북 등 모양의 바위가 자리 잡고 있어요. (   )

3. 다음 중 '기리다'의 쓰임으로 알맞지 않은 것을 고르세요.

    ① 세호는 생일을 기리기 위해 친구들을 초대했어요.
    ② 나는 삼일절을 맞아 독립운동가들의 뜻을 기렸어요.
    ③ 5월 15일 스승의 날을 맞아 스승님의 은혜로운 덕을 기렸어요.
    ④ 후배들은 돌아가신 분을 기리는 상을 만들기로 했어요.

4. 앞의 글을 잘 읽고 빈칸에 들어갈 말을 써 보세요.

    신문왕은 문무왕이 용으로 변한 모습을 보였다는 감포의 바닷가 언덕 위에 (1) _____라는 정자를 지었어요. 그리고 그곳에서 멀지 않은 곳에 아버지의 은혜에 감사한다는 뜻으로 (2) _____라는 절을 지어 문무왕의 뜻을 기렸어요.

문화유산

읽어 보아요

29 불국사 무영탑

경주 **불국사** 3층 석탑(**석가탑**)에는 아사달과 아사녀의 애달픈 전설이 전해 오고 있어요. 통일 신라 경덕왕 시절, **김대성**은 불국사를 지으려고 **장인**들을 불러 모았어요. 이때 이름난 **석공**이었던 **아사달**은 부여에서 경주로 불려 와 **다보탑**을 만들었어요. 그리고 다시 석가탑을 만드는 데 온 힘을 쏟고 있었지요. 그 무렵 남편이 몹시 그리웠던 아내 아사녀가 찾아왔어요.

"아녀자는 공사 중인 절 안으로 들어갈 수 없습니다."

할 수 없이 아사녀는 가까운 연못가로 가 아사달을 기다렸어요. 탑이 완성되면 연못에 탑이 비친다는 소문이 있었거든요. 아사녀는 밤낮으로 연못을 들여다보았어요. 그러던 어느 날, 연못에 하얀 탑이 비쳤어요. 그리움에 사무쳐 헛것을 본 거예요. 아사녀는 반가운 마음에 얼른 연못에 뛰어들었어요.

석가탑을 완성한 연못으로 아사달은 달려갔지만 아사녀는 이미 세상을 떠난 뒤였어요. 아사달은 슬픔에 **겨워** 울부짖다가 아사녀를 따라 연못에 뛰어들었답니다. 훗날 사람들은 이 연못을 '그림자가 비치는 연못'이라는 뜻의 **영지**라 부르고, 끝내 그림자를 비추지 않은 석가탑을 '그림자 없는 탑'이라는 뜻으로 **무영탑**이라 불렀어요.

낱말풀이

- **장인** 손으로 물건을 만드는 일을 직업으로 하는 사람.
- **석공** 돌을 다루어 물건을 만드는 사람.
- **겹다** 감정이나 정서가 크게 일어나 누를 수 없다.

> 풀어 보아요

1. 통일 신라 시대에 경주 불국사를 처음 짓기 시작한 사람은 누구인가요?

2. 무영탑에 얽힌 전설의 내용으로 맞으면 O, 틀리면 X 표시를 하세요.

   (1) 아사달은 불국사의 탑을 만들기 위해 부여에서 경주에 불려 왔어요. (   )

   (2) 영지는 그림자가 비치는 연못이라는 뜻이에요. (   )

   (3) 아사달은 탑을 다 짓고 나서 무사히 고향으로 돌아갔어요. (   )

3. 다음 중 '겹다'의 쓰임으로 옳지 않은 것을 고르세요.

   ① 흥에 겨운 우리 가락을 들으면 저절로 춤을 추게 돼요.

   ② 명수는 행복에 겨워 울음을 터뜨렸어요.

   ③ 엄마는 옷을 겨워 입고 밖으로 나갔어요.

   ④ 나는 제멋에 겨워 어쩔 줄을 몰랐어요.

4. 앞의 글을 잘 읽고 빈칸에 들어갈 말을 써 보세요.

   > 경주 불국사 대웅전 앞마당에는 두 개의 탑이 서 있어요. 동쪽에는 화려하고 아름다운 (1) _____, 서쪽에는 소박한 아름다움을 자랑하는 (2) _____ 이 서 있어요. 이 탑은 무영탑이라고도 불려요.

문화유산

읽어 보아요

30 고려 팔만대장경

고려 **고종** 임금 시절에 북쪽 몽골이 자주 쳐들어왔어요.

"**대장경**을 만들어 외적을 물리치고 나라를 구하자!"

고종은 부처님의 가르침을 나무판에 새기려 했어요. 옛날에는 탑을 세우거나 대장경을 만들면 부처님이 나라와 백성을 지켜 준다고 믿었거든요.

대장경을 만든다고 하자 전국에서 목공과 승려들이 구름같이 모여들었어요. 승려들은 **불경**을 정리하고, 목공들은 나무를 베어 불경을 새길 목재를 마련했어요. 그리고 경상도 남쪽 바닷가에서 나무판에 불경을 새기기 시작했어요.

대장경판 한 장에는 양쪽으로 600자 이상의 글자를 새겼어요. 이렇게 무려 8만 장이 넘는 대장경판을 만들었답니다. 목재를 마련하면서부터 무려 16년이나 걸린 기나긴 작업이었지요.

완성된 **팔만대장경**은 처음에 강화도 **선원사**에 보관하다가 고려 말기에 왜구의 침입이 잦아지자 합천 **가야산**에 **장경판전**을 만들어 보존하게 되었어요. 팔만대장경은 우리 민족의 나라 사랑하는 마음을 고이 간직하고 있는 위대한 문화유산이에요.

낱말풀이

대장경 부처님의 말씀 등 불교의 가르침을 모아 놓은 경전.
장경판전 합천 해인사에 있는 대장경을 보관하는 집.

풀어 보아요

1. 고려 고종 임금이 대장경을 만들려고 한 까닭은 무엇인가요?

   _____

2. 대장경을 만든다고 하자 목공과 승려들이 구름같이 모여든 까닭은 무엇인가요?

   ① 돈을 벌기 위해서　　　　② 나라를 구하기 위해서
   ③ 나라에서 불렀기 때문에　　④ 대장경 만드는 것을 반대하기 위해서

3. 팔만대장경에 대한 설명으로 맞으면 O, 틀리면 × 표시를 하세요.

   (1) 경상도 남쪽 바닷가에서 나무판에 불경을 새기기 시작했어요. (　)
   (2) 대장경판 한 장에는 양쪽으로 600자 이상의 글자를 새겼어요. (　)
   (3) 목재를 마련하면서부터 무려 16년이나 걸려 완성했어요. (　)
   (4) 완성한 팔만대장경은 처음에 합천 해인사에 보관했어요. (　)

4. 앞의 글을 잘 읽고 빈칸에 들어갈 말을 써 보세요.

   (1) _____의 침입으로 온 나라가 어려움을 겪을 때 나라에서는 부처님의 힘으로 적을 물리치려고 팔만대장경을 만들었어요. 임금과 신하는 물론 백성들까지 모두 그 일에 힘을 쏟았지요. 팔만대장경은 합천 가야산에 (2) _____을 만들어 보존하고 있어요.

쑥쑥 쏙쏙 문해력 완성 ⑤

그림으로 알아보는 속담

속담을 그린 그림과 속담의 뜻을 잘 보고, ☐ 안에 들어갈 알맞은 말을 〈보기〉에서 찾아 넣으세요.

〈보기〉 쥐 원숭이 토끼 나무 지붕 전봇대 하나 둘 셋 넷

☐ 도 ☐ 에서

떨어지는 날이 있다.

- **속담의 뜻** : 아무리 익숙하고 잘하는 사람이라도 간혹 실수할 때가 있음을 이르는 말이에요.

☐ 둘을 잡으려다

☐ 도 못 잡는다.

- **속담의 뜻** : 욕심을 부려 한꺼번에 여러 가지 일을 하려고 하면 하나도 이루지 못한다는 말이에요.

읽어 보아요

신화

31 불을 훔친 프로메테우스

까마득한 옛날, 신들이 세상을 다스릴 때의 이야기예요. 그때 불은 신들만 쓰는 귀중한 것이었어요. 신들의 왕 **제우스**는 인간에게 불을 주지 말라고 일렀어요. 하지만 최초로 인간을 만든 **프로메테우스**는 불 없이 살아가는 인간이 불쌍했어요.

"제우스의 노여움을 사더라도 인간에게 불을 줘야겠어."

프로메테우스는 태양의 불을 훔쳐 인간에게 선물했어요. 그 덕분에 인간은 추위도 어둠도 무섭지 않게 되었고, 음식도 익혀 먹을 수 있게 되었어요. 이 사실을 알게 된 제우스는 **캅카스산맥**의 높다란 바위에 프로메테우스를 묶었어요. 그리고 독수리를 보내 간을 쪼아 먹게 했지요. 쇠사슬에 묶인 프로메테우스는 꼼짝없이 간을 쪼아 먹히는 벌을 받았어요. 밤이면 간이 다시 자라났지만 다음 날 또다시 독수리에게 쪼아 먹히는 일이 되풀이되었지요.

그렇게 수백 년이 지난 어느 날, 우연히 그곳을 지나던 **헤라클레스**가 화살로 독수리를 쏘아 죽여 프로메테우스는 고통에서 벗어났어요. 고통으로 온몸이 망가졌지만, 프로메테우스는 인간에게 불을 준 일을 후회하지 않았답니다.

낱말풀이

노여움 분하고 섭섭해 화가 치미는 감정.

풀어 보아요

1. 다음 글을 읽으면서 알맞은 말에 ○ 하세요.

> 고대인의 상상 세계에서 만들어 낸 '그리스 로마 신화'에서 최초로 인간을 만든 신은 (제우스 / 프로메테우스 / 아테나)예요.

2. 인간이 불을 사용함으로써 얻은 직접적인 이익이 <u>아닌</u> 것은 무엇인가요?

   ① 추위를 이길 수 있었어요.　　　　② 어둠을 이겨 낼 수 있었어요.
   ③ 음식을 익혀 먹을 수 있게 되었어요.　④ 좋은 집을 갖게 되었어요.

3. 프로메테우스에 대한 설명으로 맞으면 ○, 틀리면 ✗ 표시를 하세요.

   (1) 불 없이 살아가는 인간을 불쌍히 여겼어요. (　)
   (2) 제우스의 허락을 받아 인간에게 불을 전해 주었어요. (　)
   (3) 헤라클레스의 도움으로 고통에서 벗어날 수 있었어요. (　)
   (4) 인간에게 불을 전해 준 것을 후회했어요. (　)

4. 앞 이야기의 줄거리를 정리할 때 아래 빈칸에 들어갈 알맞은 내용을 써 보세요.

   신들이 세상을 다스리던 시절, 불은 신들만 쓰는 귀중한 것이었음.
   ↓
   (　　　　　　　　　　　　　？　　　　　　　　　　　　　)
   ↓
   제우스는 프로메테우스를 쇠사슬로 묶고 독수리에게 간을 쪼아 먹게 함.
   ↓
   수백 년 후, 헤라클레스가 독수리를 죽여 프로메테우스가 고통에서 벗어남.

신화

> 읽어 보아요

32 지하 세계에 간 오르페우스

아폴론의 아들 **오르페우스**는 요정 **에우리디케**와 결혼해 행복하게 살았어요. 하지만 행복은 오래가지 않았어요. 에우리디케가 그만 뱀에 물려 죽었거든요. 오르페우스는 슬픔에 빠져 지냈어요. 그러던 어느 날 결심했어요.

"이렇게 사느니, 지하 세계의 신을 찾아가 아내를 돌려 달라고 빌어야겠어."

오르페우스가 지하 세계로 내려가자, 지하 세계의 신 **하데스**가 소리쳤어요.

"여기는 죽은 자만 오는 곳인데, 네가 정녕 죽고 싶은 게냐?"

오르페우스는 아내를 돌려 달라고 간절히 빌었어요. 그러고는 음악의 신 **아폴론**에게 배운 **하프**를 밤새도록 연주하며 노래를 불렀어요. 오르페우스의 연주와 노래는 하데스의 마음을 녹였어요.

"네 소원을 들어주마. 단 지하 세계를 벗어나기 전에는 절대 뒤돌아보지 마라. 그러면 아내를 영원히 잃고 말 것이다."

오르페우스는 고맙다고 인사를 한 다음 인간 세상을 향해 걸었어요. 하지만 아내가 따라오는지 궁금해 견딜 수가 없었어요. 그래서 뒤를 힐끗 돌아보았어요. 그 순간, 비명과 함께 에우리디케는 지하 세계로 빨려들어 갔답니다.

| 하프 | 세모꼴로 생겼으며 47개의 현을 두 손으로 튕겨 연주하는 현악기. 소리가 우아하고 아름답다. |

> 풀어 보아요

1. 다음 글을 읽으면서 알맞은 말에 ○ 표시를 하세요.

   오르페우스와 결혼해 행복하게 살던 에우리디케는 그만 (사자 / 용 / 뱀)에 물려 죽었어요.

2. 그리스 로마 신화에 등장하는 아래 인물이 누구인지 선으로 연결해 보세요.

   ① 아폴론 • • ㉠ 아폴론의 아들
   ② 오르페우스 • • ㉡ 지하 세계의 신
   ③ 에우리디케 • • ㉢ 음악의 신
   ④ 하데스 • • ㉣ 오르페우스와 결혼한 요정

3. 오르페우스에 대한 설명으로 옳지 <u>않은</u> 것을 고르세요.

   ① 하늘 나라에 올라가 아내를 살려 달라고 빌었어요.
   ② 하프 연주를 하여 하데스의 마음을 녹였어요.
   ③ 지하 세계를 벗어나기 전에 뒤를 돌아보고 말았어요.
   ④ 하데스의 명을 어겨 아내를 영원히 잃었어요.

4. 앞의 글을 잘 읽고 빈칸에 들어갈 말을 써 보세요.

   오르페우스는 신화에 나오는 시인이자 음악가예요. (1) _____ 에게 하프를 배워 훌륭한 연주를 했어요. 그가 하프를 연주하면 풀과 나무, 맹수들까지 빠져들 정도였지요. 아내 에우리디케를 지하 세계에서 데려오려 했으나 (2) _____ 와의 약속을 어겨 실패하고 말았어요.

신화

읽어 보아요

33 황금의 손 미다스

술과 풍요의 신 **디오니소스**가 소아시아 지방 프리기아의 왕 **미다스**에게 말했어요.

"양아버지인 실레노스를 잘 대해 준 대가로 소원을 들어줄 테니 말해 보시오."

미다스는 자기 손에 닿는 것은 무엇이든 황금으로 변하게 해 달라고 했어요. 그러면 큰 부자가 될 테니까요. 디오니소스는 기꺼이 미다스의 소원을 들어주었어요.

"오, 세상에 이럴 수가!"

미다스의 손에 닿은 것은 무엇이든 황금으로 변했어요. 의자와 탁자, 돌기둥이 황금으로 변했고, 배가 고파 먹으려던 빵도, 과일도, 고기도 황금으로 변했어요. 손을 대기 무섭게 모두 황금으로 변했지요.

미다스는 음식을 못 먹어 **핼쑥해졌어요**. 아버지의 건강을 걱정하는 공주의 손을 잡자, 공주마저도 황금으로 변하고 말았지요.

"아, 안 돼! 공주, 으흐흐흑……."

자신의 어리석음을 깨달은 미다스는 디오니소스에게 달려가 원래대로 돌려 달라고 빌었어요. 디오니소스는 **파크톨루스강**에서 몸을 씻으라고 일러 주었어요. 그 뒤 미다스 왕은 황금을 쳐다보지도 않았답니다.

낱말풀이

핼쑥하다 몹시 마르고 얼굴에 핏기가 없다.

> 풀어 보아요

1. 디오니소스는 왜 미다스 왕의 소원을 들어주었나요?

   _____

2. 신화에 등장하는 아래 인물이 누구인지 선으로 연결해 보세요.

   ① 디오니소스 •   • ㉠ 디오니소스의 스승이자 양아버지

   ② 미다스 •   • ㉡ 술과 풍요의 신

   ③ 실레노스 •   • ㉢ 프리기아의 왕

3. 미다스에 대한 설명으로 잘못된 것을 고르세요.

   ① 디오니소스가 소원을 들어주어 무엇이든 만지면 금으로 변했어요.

   ② 음식을 먹으려고 빵을 집으면 빵도 금으로 변했어요.

   ③ 손에 닿는 것은 무엇이든 금으로 변해 큰 부자로 살았어요.

   ④ 자신의 어리석음을 깨닫고, 강물에 손을 씻고 원래대로 돌아왔어요.

4. 앞의 글을 잘 읽고 빈칸에 들어갈 말을 써 보세요.

   > 미다스는 디오니소스가 가르쳐 준 대로 _____ 에 가서 몸을 씻었어요. 이로써 그의 능력은 강물에 녹아들어 사라졌고, 그 뒤부터 그 강은 금빛 모래와 사금이 많이 나오기로 유명해졌다고 해요.

읽어 보아요

신화

34 괴물 스핑크스

스핑크스는 **그리스 신화**에서 여러 생물이 합쳐진 괴물의 모습으로 그려져요. 여성의 머리와 가슴을 가지고 있고, 암사자의 몸에 독수리 날개가 달려 있으며, 꼬리가 뱀 머리로 표현되기도 하지요.

스핑크스와 관련해 다음과 같은 유명한 전설이 전해지고 있어요.

스핑크스는 높은 바위 위에 앉아 지나가는 사람에게 수수께끼를 내고, 그것을 못 풀면 바로 잡아먹어 사람들을 벌벌 떨게 했어요.

"아침에는 네 다리로, 낮에는 두 다리로, 밤에는 세 다리로 걷는 짐승이 무엇이냐?"

스핑크스의 수수께끼는 아무도 풀지 못해 많은 사람이 잡아먹혔어요. 그러나 마침내 **오이디푸스**가 스핑크스의 수수께끼를 풀었어요.

"그것은 사람이다. 사람은 어렸을 때 네 다리로 기고, 자라서는 두 발로 걷고, 늙어서는 지팡이를 짚어 세 다리로 걷기 때문이다."

그러자 스핑크스는 분을 이기지 못해 **절벽**에 몸을 던져 죽었다고 해요.

낱말풀이

절벽   바위가 깎아 세운 것처럼 높이 솟은 험한 낭떠러지.

풀어 보아요

1. 스핑크스가 낸 수수께끼의 정답은 무엇인가요?

2. 스핑크스의 모습에 대한 설명으로 맞으면 O, 틀리면 X 표시를 하세요.

(1) 여러 생물이 합쳐진 괴물의 모습으로 그려져요. (   )

(2) 남성의 머리와 가슴을 가지고 있어요. (   )

(3) 암사자의 몸에 독수리 날개가 달려 있어요. (   )

(4) 꼬리가 원숭이 꼬리로 표현되기도 해요. (   )

3. 신화에 등장하는 스핑크스에 대한 설명으로 옳지 않은 것을 고르세요.

① 바위 위에 앉아 지나가는 사람에게 수수께끼를 냈어요.

② 수수께끼를 못 풀면 바로 잡아먹어 사람들을 벌벌 떨게 했어요.

③ 허황된 욕심으로 황금을 좇다가 벌을 받은 왕이에요.

④ 오이디푸스가 수수께끼 정답을 맞히자 절벽에서 떨어져 죽었어요.

4. 앞의 글을 잘 읽고 빈칸에 들어갈 말을 써 보세요.

> 스핑크스의 수수께끼를 푼 _____는 그리스 신화에 나오는 테베의 왕 라이오스와 이오카스테의 아들이에요. 아버지를 죽이고 어머니와 결혼하게 될 거라는 운명 때문에 길에 버려졌어요. 하지만 결국 운명대로 되고 말았지요. 그러자 스스로 두 눈을 뽑았어요.

읽어 보아요

신화

35 거미가 된 아라크네

아라크네는 옷감 짜는 솜씨가 뛰어나서 사람들의 칭찬이 자자했어요.

"정말 훌륭해! 아라크네를 따를 자는 없을 거야."

아라크네는 우쭐하며 **아테나** 여신보다 자기 솜씨가 더 좋다고 자랑했어요.

그러자 아테나 여신이 할머니로 변장해 아라크네를 찾아왔어요.

"아무리 솜씨가 좋아도 신을 모욕하면 안 돼. 지금이라도 잘못을 빌면 아테나 여신께서 용서해 주실 거야."

하지만 아라크네는 당장 아테나 여신과 솜씨를 겨루고 싶다고 큰소리쳤어요.

"만약 내가 진다면 어떤 벌이라도 달게 받겠어요."

아테나도 더 참지 않고 본모습을 드러냈어요. 그리고 아라크네와 옷감 짜는 솜씨를 겨루었어요. 아테나는 신을 모욕한 죄로 벌을 받는 인간을 새겨 넣고, 아라크네는 제우스를 비롯한 신들을 비웃는 무늬를 짜 넣었지요. 아라크네의 솜씨는 훌륭했지만, 아테나는 아라크네를 용서할 수 없었어요.

"너는 영원히 네 몸에서 실을 뽑아 옷감을 짜게 될 것이다!"

그 순간 아라크네는 거미로 변했답니다.

낱말 풀이

변장 본래의 모습을 알아볼 수 없게 하기 위하여 다르게 바꿈.
모욕 깔보고 욕되게 함.

> 풀어 보아요

1. 다음 글을 읽으면서 알맞은 말에 O 표시를 하세요.

   > 아테나 여신을 모욕하여 노여움을 산 아라크네는 벌을 받아 (거미 / 개미 / 거위)가 되었어요.

2. 신화에 등장하는 아래 인물이 누구인지 선으로 연결해 보세요.

   ① 아라크네 •　　　　　• ㉠ 아테네의 수호신이자 지혜의 여신

   ② 아테나　 •　　　　　• ㉡ 신들의 왕으로 최고의 신

   ③ 제우스　 •　　　　　• ㉢ 옷감 짜는 능력이 뛰어난 여인

3. 아라크네에 대한 설명으로 옳지 <u>않은</u> 것을 고르세요.

   ① 사람들이 옷감 짜는 솜씨가 좋다고 칭찬했어요.
   ② 신을 깔보았으니 용서를 빌라고 했지만 거절했어요.
   ③ 옷감 짜기 대결을 할 때 신들을 비웃는 무늬를 새겨 넣었어요.
   ④ 나중에는 자신의 죄를 뉘우치고 스스로 곤충이 되었어요.

4. 앞 이야기의 줄거리를 정리할 때 아래 빈칸에 들어갈 알맞은 내용을 써 보세요.

   > 아라크네가 아테나 여신보다 옷감 짜는 솜씨가 좋다고 자랑함.

   ↓

   > (　　　　　　　　　　？　　　　　　　　　　)

   ↓

   > 아테나 여신과 아라크네가 옷감 짜는 솜씨를 겨룸.

   ↓

   > 아라크네가 짠 옷감은 훌륭했지만, 아테나 여신은 아라크네를 거미로 변하게 함.

> 읽어 보아요

신화

36 자기를 사랑한 나르키소스

예쁜 빛깔과 모양을 뽐내는 꽃들은 저마다 깊은 **사연**을 간직하고 있어요. **수선화**도 그런 꽃 중 하나예요. 어떤 사연일까요?

옛날 그리스에 아름답고 잘생긴 **나르키소스**라는 소년이 살았어요. 숲의 요정 에코는 나르키소스를 보고 한눈에 반했어요. 하지만 나르키소스는 에코의 사랑을 매정하게 뿌리쳤어요. **에코**는 슬픔으로 몸이 점점 작아지다 마침내 없어지고 **메아리**가 되어 산을 떠돌았어요. 그러자 에코의 요정 친구가 복수의 여신 **네메시스**에게 나르키소스를 벌해 달라고 부탁했어요.

어느 날, 나르키소스는 연못을 들여다보다 연못에 비친 자기를 사랑하게 되었어요. 에코의 사랑을 받아들이지 않은 나르키소스에게 네메시스가 벌을 준 것이지요. 나르키소스는 자기 모습에 반해 몇 날 며칠 애를 태웠지만 사랑을 얻을 수는 없었어요. 그러다 결국 연못에 빠져 죽고 말았답니다. 그 자리에서 한 송이 작은 꽃이 피어났는데, 이 꽃을 나르키소스, 우리말로 수선화라고 불러요. 수선화의 **꽃말**에 '자기 사랑'이 들어 있는 이유지요.

낱말풀이

사연	일의 앞뒤 사정과 까닭.
메아리	울려 퍼져 가던 소리가 산이나 절벽에 부딪쳐 되울려 오는 소리.
꽃말	꽃의 특징에 따라 갖게 된 말.

> 풀어 보아요

1. **나르키소스의 우리말 꽃 이름은 무엇인가요?**

2. **신화에 등장하는 아래 인물이 누구인지 선으로 연결해 보세요.**

   ① 나르키소스　•　　　　　•　㉠ 복수의 여신

   ② 에코　•　　　　　•　㉡ 아름답고 잘생긴 그리스 소년

   ③ 네메시스　•　　　　　•　㉢ 숲의 요정

3. **나르키소스에 대한 설명으로 맞으면 O, 틀리면 X 표시를 하세요.**

   (1) 에코는 아름다운 나르키소스를 보고 한눈에 반했어요. (　)

   (2) 나르키소스는 기꺼이 에코의 사랑을 받아 주었어요. (　)

   (3) 에코는 사랑을 얻은 기쁨에 메아리가 되어 훨훨 날아갔어요. (　)

   (4) 에코의 친구는 네메시스에게 나르키소스를 벌해 달라고 부탁했어요. (　)

4. **네메시스는 나르키소스에게 어떤 벌을 주었나요?**

   ① 몸이 없어지고 메아리가 되어 떠도는 벌

   ② 연못에 빠져 죽는 벌

   ③ 자기 자신을 사랑하는 벌

   ④ 다른 사람을 사랑하는 벌

신화

읽어 보아요

37 나르키소스를 사랑한 프리지어

수선화 말고도 나르키소스와 관련된 꽃이 또 있어요. 은은하고 기분 좋은 향기를 전해 주는 프리지어예요.

숲의 요정인 **프리지어**도 에코처럼 아름다운 소년 나르키소스를 사랑했어요. 수줍어서 사랑한다는 말도 못 하고 혼자 속으로 애만 태웠지요.

'나르키소스 님은 보기만 해도 눈이 부셔.'

프리지어의 사랑은 깊어 갔지만, 나르키소스는 프리지어의 사랑을 눈치조차 못 챘어요. 그 무렵, 나르키소스가 연못에 비친 자신의 모습을 물의 요정인 줄 알고 사랑하게 되고, 그 사랑을 이루지 못해 연못에 빠져 죽는 일이 일어났어요. 마음 둘 곳을 찾지 못하던 프리지어는 나르키소스를 따라 연못에 몸을 던져 죽고 말았답니다. 나르키소스가 없는 세상에서 도저히 살 수 없었던 것이지요. 그 때문인지 수선화가 피고 나서 프리지어가 핀다고 해요.

하늘의 신은 프리지어의 순수한 사랑에 감동해 그녀를 아름답고 향기로운 꽃으로 만들어 주었어요. 그런 까닭에 프리지어는 '순진', **천진난만**, '깨끗한 향기'라는 꽃말을 갖고 있어요.

천진난만 꾸밈이나 거짓 없이 그대로 나타날 만큼 순진하고 깨끗함.

> 풀어 보아요

1. 나르키소스는 물에 비친 자기 자신의 모습을 누구라고 생각했나요?

   _____

2. 프리지어의 꽃말에 속하지 <u>않는</u> 것을 고르세요.

   ① 자기 사랑　　　　　② 순진

   ③ 천진난만　　　　　④ 깨끗한 향기

3. 프리지어에 대한 설명으로 맞으면 O, 틀리면 × 표시를 하세요.

   (1) 나르키소스를 사랑했는데 수줍어 말을 못 하고 애만 태웠어요. (　　)

   (2) 나르키소스는 프리지어의 사랑을 알았지만 일부러 모른 척했어요. (　　)

   (3) 나르키소스가 죽자 그를 따라 연못에 빠져 죽고 말았어요. (　　)

   (4) 프리지어가 피고 난 다음 수선화가 핀다고 해요. (　　)

4. 앞 이야기의 줄거리를 정리할 때 아래 빈칸에 들어갈 알맞은 내용을 써 보세요.

   요정 프리지어는 나르키소스를 사랑했지만 수줍어서 말을 못함.
   ↓
   자신을 사랑한 나르키소스가 연못에 빠져 죽음.
   ↓
   (　　　　　　　　?　　　　　　　　)
   ↓
   하늘의 신이 프리지어의 사랑에 감동해 꽃으로 피어나게 함.

> 읽어 보아요

신화

38 밤이 되면 피는 달맞이꽃

밤늦은 때에 요정들이 모여 하늘의 별을 구경하고 있었어요.

"우아, 저 별들 좀 봐. 꿈꾸듯이 **영롱하잖아**!"

그중에 달을 무척 그리워한 요정이 있었어요.

"별이 모두 없어지면 달을 매일 볼 수 있을 텐데……."

그 말을 전해 들은 신들의 왕 제우스는 화를 냈어요. 별이 없어지기를 바란 것은 자기가 없어지기를 바란 것과 같다고 생각한 거예요. 그래서 제우스는 그 요정을 달이 안 보이는 곳으로 내쫓아 버렸지요.

요정은 쫓겨 가서도 눈물을 흘리며 달을 그리워했어요.

"달님, 한 번만이라도 이 호숫가를 비춰 주세요."

이 소식을 들은 달의 여신 **아르테미스**가 요정을 찾으려 했지만 제우스의 방해로 만나지 못했어요. 그사이 요정은 기다림에 지쳐 죽고 말았답니다. 아르테미스는 요정을 언덕에 고이 묻어 주었어요. 그 후 무덤에서 한 송이 꽃이 피어났어요. 이 꽃은 낮에는 오므라들었다가 밤이 되면 활짝 피어 **달맞이꽃**이라 부른답니다. 달맞이꽃의 꽃말은 '말 없는 사랑', '기다림', '밤의 요정' 등이에요.

> 낱말 풀이

영롱하다 빛이 번쩍거리거나 수많은 불빛이 빛나다.

> 풀어 보아요

1. 제우스가 달을 그리워한 요정을 내쫓은 까닭은 무엇인가요?

   _____

2. 달을 그리워한 요정에 대한 설명으로 맞으면 O, 틀리면 X 표시를 하세요.

   (1) 요정은 쫓겨 가서도 눈물을 흘리며 달을 그리워했어요. (   )

   (2) 달을 그리워한 요정은 달의 여신의 품에서 죽었어요. (   )

   (3) 요정의 무덤에서 한 송이 꽃이 피어났는데, 이 꽃이 달맞이꽃이에요. (   )

3. 다음 중 달맞이꽃의 꽃말에 속하지 <u>않는</u> 것은 무엇인가요?

   ① 말 없는 사랑　　　　② 기다림
   ③ 천진난만　　　　　　④ 밤의 요정

4. 앞의 글을 잘 읽고 빈칸에 들어갈 말을 써 보세요.

   > 달의 여신 (1) _____는 자기를 좋아한 요정을 찾았지만, 제우스의 방해로 만나지 못했어요. 결국 요정은 그리움에 지쳐 죽고 말았어요. 그 소식을 들은 제우스는 자신이 너무 심했다고 생각해 요정을 (2) _____으로 피어나게 했답니다.

쑥쑥 쏙쏙 문해력 완성 ⑥

집 찾아가기

유라가 집에서 멀리 떨어진 도서관에 책을 보러 왔어요.
이제 집으로 돌아갈 시간이에요. 집에서 멀리까지 왔지만 걱정 없어요.
외래어가 들어가지 않은 우리말만 따라가면 되거든요.
유라가 집을 찾아갈 수 있게 도서관에서 유라의 집까지 우리말을 따라 선을 이어 주세요.

↓출발

도서관	중학교	태권도장	피아노 학원	빌딩	빵 가게
터미널	커피숍	은행	편의점	지하철역	아파트
재래시장	택시 정류장	댄스 학원	대형 마트	서점	레스토랑
세탁소	미용실	분식집	초등학교	문방구	오피스텔
꽃집	패스트 푸드점	동 주민 센터	피시방	골프 연습장	시소 공원
소방서	우체국	가구점	병원	약국	놀이터

유라네 집

→ 도착

*외래어는 외국에서 들어온 말로 우리나라에서 널리 쓰이는 단어를 말해요. 버스, 빵, 피아노 따위가 있어요.

읽어 보아요

전설

39 보석을 뿌린 듯한 채송화

옛날 **페르시아**에 보석을 탐내는 여왕이 있었어요. 여왕은 페르시아를 지나가는 상인들은 누구나 세금으로 보석을 내라고 명령했어요. 그러자 귀한 보석들이 궁전으로 쏟아져 들어왔어요. 그런데도 여왕은 만족하지 않았어요.

하루는 어떤 노인이 보석 상자를 들고 궁궐을 찾아왔어요.

"제 보석과 여왕님 백성의 목숨을 일대일로 바꾸지 않으시렵니까?"

보석에 눈이 먼 여왕은 당장 노인의 제안을 받아들였어요. 그래서 보석과 백성의 목숨을 하나씩 바꾸었어요. 그런데 보석 상자에서는 보석이 끝도 없이 나왔어요. 결국 백성은 모두 사라지고, 신비한 빛을 내는 크고 귀중한 보석 하나만 남았지요.

"이 보석은 여왕님의 목숨이 아니라면 그 무엇과도 바꿀 수 없습니다."

노인의 말에 여왕은 당장 맞바꾸자며 보석에 손을 갖다 댔어요. 그 순간 '펑' 소리와 함께 여왕이 사라졌어요. 공중으로 흩어진 보석들은 사뿐히 내려앉으며 꽃으로 변했어요. 송이송이 보석을 뿌린 듯한 이 꽃이 바로 **채송화**랍니다.

제안 의견을 내놓음.

> 풀어 보아요

1. 끝없이 보석을 탐낸 여왕은 어느 나라의 왕인가요?

2. 보석을 탐낸 여왕에 대한 설명으로 맞으면 O, 틀리면 X 표시를 하세요.

   (1) 나라 안을 지나는 상인들에게 세금으로 보석을 내라고 명령했어요. (   )

   (2) 보석 하나에 백성 한 사람의 목숨을 바꾸자는 노인의 제안을 거절했어요. (   )

   (3) 마지막에 신비한 빛을 내는 크고 귀중한 보석을 손에 넣었어요. (   )

3. 채송화에 얽힌 전설이 주는 가르침으로 알맞은 것을 고르세요.

   ① 세금으로 보석을 내라고 해서는 안 된다.

   ② 지나친 욕심을 부리면 결국 모두 잃고 만다.

   ③ 백성의 목숨을 귀하게 여기지 않으면 보석을 얻을 수 없다.

   ④ 송이송이 피어나는 꽃은 보석보다 값지다.

4. 앞의 글을 잘 읽고 빈칸에 들어갈 말을 써 보세요.

   산산이 부서진 아름다운 보석들은 각각 아름다운 색깔의 꽃이 되었는데, 이것이 바로 _____ 랍니다. 이 꽃은 여름에서 가을에 걸쳐 자주, 노랑, 분홍, 흰색의 꽃이 아침에 피었다가 오후에 시든다고 해요.

전설

읽어 보아요

40 알프스의 꽃 에델바이스

유럽의 **알프스산맥** 같은 높은 산지에서 자라는 풀꽃인 **에델바이스**는 특별한 사연을 간직하고 있어요.

옛날에 에델바이스라는 천사가 하늘에서 땅으로 내려왔어요.

'세상을 내려다볼 수는 있지만, 사람들 때문에 번거롭지는 않은 곳에서 살면 좋겠어.'

이렇게 생각한 에델바이스는 알프스에 자리를 잡았어요.

그런데 어느 날, 알프스를 오르던 등산가가 에델바이스를 발견했어요. 등산가는 천사의 아름다움에 한눈에 반했지요. 등산가는 산 아래로 내려가 사람들에게 산 위에 아름다운 천사가 있다는 사실을 알렸어요. 그러자 등산가들이 줄줄이 찾아와 사랑을 **고백**했어요. 또 천사를 보려고 알프스를 오르다 많은 사람이 떨어져 죽었지요.

천사는 사람들의 끝없는 고백에 지쳐 다시 하늘로 올라갔어요. 지상에 있었던 소중한 추억을 기념하기 위해 에델바이스 꽃을 남겨 두고 말이에요. 그래서 에델바이스는 꽃말이 '소중한 추억', '고귀한 사랑'이에요. **스위스**와 **오스트리아**는 에델바이스를 **국화**로 삼았답니다.

낱말 풀이

고백 마음속에 있는 생각이나 감추어 둔 사실을 숨김없이 말함.
국화 한 나라를 상징하는 꽃.

> 풀어 보아요

1. 하늘에서 천사 에델바이스가 살려고 내려온 땅은 어디인가요?

   _____

2. 에델바이스에 대한 설명으로 맞으면 O, 틀리면 X 표시를 하세요.

   (1) 천사 에델바이스는 사람이 많은 번거로운 곳에서 살고 싶었어요. (   )

   (2) 에델바이스를 처음 본 등산가는 산 아래로 내려가 사람들에게 천사 이야기를 전했어요. (   )

   (3) 등산가들이 줄줄이 에델바이스를 찾아와 사랑을 고백했어요. (   )

   (4) 많은 사람이 천사를 보려고 알프스를 찾아와 그곳이 관광지가 되었어요. (   )

3. 다음 중 에델바이스의 꽃말에 속하는 것 두 가지를 골라 보세요.

   ① 고귀한 사랑　　　　　　② 자기 사랑
   ③ 무한한 사랑　　　　　　④ 소중한 추억

4. 에델바이스를 국화로 삼은 두 나라를 〈보기〉에서 찾아 써 보세요.

   | 〈보기〉 | 네덜란드 | 스위스 | 프랑스 | 오스트리아 | 폴란드 |

   _____

101

전설

읽어 보아요

41 은혜 갚은 두루미

어느 산골에 청년이 살고 있었어요. 하루는 산길을 가다가 덫에 걸린 **두루미**를 보았어요. 청년은 두루미가 불쌍해 덫을 풀어 주었어요.

다음 날 저녁 무렵, 청년의 집에 아름다운 여자가 찾아왔어요. 청년은 여자에게 반했고, 여자도 청년이 마음에 들었지요. 둘은 얼마 뒤 결혼해 가정을 꾸렸어요.

"제가 **비단**을 짤 테니 그것을 팔아서 먹을 것을 사세요. 다만 제가 비단을 짜는 동안에는 절대로 방 안을 엿보면 안 됩니다. 절대로!"

여자가 짠 비단은 눈부시게 아름다워 비싼 값에 팔렸고 살림은 점점 풍요로워졌어요. 그러자 청년은 갑자기 방 안이 궁금해졌어요. 그래서 문구멍을 내고 안을 들여다보았어요. 그런데 두루미가 **깃털**을 뽑아 비단을 짜고 있는 거예요. 청년은 화들짝 놀랐어요. 그러자 두루미가 눈물을 흘리며 말했어요.

"저는 당신이 구해 준 두루미랍니다. 곁에서 은혜를 갚으려 했는데……."

두루미는 이 말을 남기고 훨훨 날아가 버렸고, 청년은 후회의 눈물을 흘렸답니다.

낱말풀이

문구멍   문에 뚫린 구멍.
후회   잘못을 깨치고 뉘우침.

> 풀어 보아요

1. 청년의 집에 찾아온 여자는 무엇이 변한 사람인가요?

2. 두루미에 대한 설명으로 맞으면 O, 틀리면 X 표시를 하세요.

   (1) 두루미는 자기를 구해 준 청년에게 은혜를 갚기 위해 찾아왔어요. (   )

   (2) 두루미는 잠을 자는 동안에는 절대로 방 안을 엿보지 말라고 했어요. (   )

   (3) 두루미가 짠 비단은 눈부시게 아름다워 비싼 값에 팔렸어요. (   )

3. 두루미는 무엇으로 비단을 짰나요?

   ① 자기의 깃털　　　　　　　　② 지푸라기

   ③ 젊은이의 머리카락　　　　　④ 청년의 옷

4. 앞 이야기의 줄거리를 정리할 때 아래 빈칸에 들어갈 알맞은 내용을 써 보세요.

   여자로 변한 두루미가 청년과 결혼함.
   ↓
   비단을 짜는 동안 절대로 방 안을 엿보지 말라고 부탁함.
   ↓
   궁금증을 참지 못하고 청년이 방 안을 엿봄.
   ↓
   (?   )

읽어 보아요

전설

42 예쉔과 황금 신발

옛날 **중국**의 어느 마을에 예쉔이라는 여자가 살았어요. 예쉔은 마음씨가 곱고 착했어요. 그런데 새어머니는 온갖 집안일을 시키고 틈만 나면 **구박**했어요.

"하라는 바느질은 안 하고 뭘 한 거야? 당장 해 놔라!"

온종일 일만 하는 예쉔에게 기쁨을 주는 것은 오직 하나뿐이었어요. 바로 예쉔이 기르던 물고기였어요.

그러던 어느 날 새어머니가 그 물고기마저 잡아먹고 **이복** 언니들과 함께 왕이 여는 잔치에 가 버렸어요.

예쉔은 슬픔에 젖어 하염없이 눈물을 흘렸어요. 그때 '펑' 소리와 함께 물고기 **신령**이 나타나 화려한 옷과 황금 신발을 선물했어요. 예쉔은 그것을 차려입고 왕의 잔치에 참석했어요. 아름다운 예쉔은 금세 왕의 눈에 띄었지요. 하지만 이복 언니들에게 들켜 황급히 집으로 돌아가다가 그만 황금 신발 한 짝을 잃어버리고 말았어요.

왕은 황금 신발의 주인을 찾아다니다 마침내 예쉔을 만났어요. 황금 신발은 예쉔의 발에 꼭 맞았고, 왕과 예쉔은 결혼해 행복하게 살았답니다.

낱말풀이

구박	못 견디게 괴롭힘.
이복	아버지는 같고 어머니가 다름.
신령	신으로 받들어지는 영혼 또는 자연물.

풀어 보아요

1. 예쉔이 기르며 친구처럼 지낸 동물은 무엇인가요?

   □□□

2. 예쉔에 대한 설명으로 맞으면 O, 틀리면 X 표시를 하세요.

   (1) 새어머니는 예쉔에게 온갖 집안일을 시키고 구박했어요. (   )

   (2) 예쉔은 왕의 잔치에서 황급히 돌아오다가 유리 구두 한 짝을 잃어버렸어요.
   (   )

   (3) 예쉔은 왕과 결혼해 행복하게 살았어요. (   )

3. 앞의 이야기와 내용이 비슷한 세계 명작 동화가 있어요. 다음 중 어느 작품인지 골라 보세요.

   ① 미녀와 야수　　　　　　② 인어 공주

   ③ 신데렐라　　　　　　　④ 백조의 호수

4. 다음 글을 잘 읽고 빈칸에 들어갈 알맞은 말을 써 보세요.

   > 새어머니가 왕의 잔치에 간 날, _____이 나타나 화려한 옷과 황금 신발을 선물했어요. 예쉔은 그것을 차려입고 왕의 잔치에 참석했어요. 아름다운 예쉔은 금세 왕의 눈에 띄었어요.

105

전설

읽어 보아요

43 암탉과 여섯 마리 병아리

태국의 어느 마을에서 큰 제사를 지내게 되었어요. 마을에 살던 할아버지와 할머니는 암탉을 제물로 내놓기로 했어요.

"내일 암탉을 바칩시다. 우리는 병아리를 키우면 되니까요."

우연히 할아버지 얘기를 들은 암탉은 병아리들을 두고 떠날 생각에 하늘이 무너지는 듯했어요. 암탉은 병아리들을 모아 놓고 말했어요.

"엄마는 내일이면 멀리 떠난단다. 너희는 할아버지, 할머니 말씀 잘 들어야 해."

암탉도, 병아리 여섯 마리도 닭똥 같은 눈물을 뚝뚝 흘렸어요.

이튿날 아침, 할머니는 큰 솥에 물을 펄펄 끓였어요. 이윽고 암탉을 잡아 끓는 물에 넣는데, 암탉을 따라왔던 병아리 여섯 마리가 줄지어 솥으로 뛰어드는 게 아니겠어요? 순식간의 일이라 말릴 틈조차 없었지요. 그 순간, 끓는 물에서 한줄기 무지갯빛이 공중으로 솟더니 암탉과 병아리 여섯 마리가 무지개를 타고 하늘로 날아올랐어요.

하늘로 올라간 암탉과 병아리 여섯 마리는 반짝반짝 빛나는 일곱 개의 별이 되었어요.

낱말풀이

제물 제사 지낼 때 바치는 물건이나 짐승.

풀어 보아요

1. 다음 글을 읽으면서 알맞은 말에 O 표시를 하세요.

> 큰 제사를 지낼 때 바치는 돼지, 닭 따위의 짐승을 가리켜 (동물 / 제물 / 고물)이라고 해요.

2. 암탉에 대한 설명으로 맞으면 O, 틀리면 X 표시를 하세요.

    (1) 암탉은 곧 죽게 된다는 얘기를 듣고 하늘이 무너지는 듯했어요. (   )
    (2) 내일이면 떠날 생각에 암탉은 병아리들과 함께 눈물을 흘렸어요. (   )
    (3) 할머니는 암탉과 병아리 여섯 마리를 잡아 끓는 물에 넣었어요. (   )

3. '닭똥 같은 눈물'이란 어떤 눈물을 말할까요?

    ① 닭똥처럼 냄새 나는 눈물
    ② 방울이 몹시 굵은 눈물
    ③ 물처럼 줄줄 흐르는 눈물
    ④ 슬프지 않을 때 억지로 흘리는 눈물

4. 앞 이야기의 줄거리를 정리할 때 아래 빈칸에 들어갈 알맞은 내용을 써 보세요.

> 할아버지와 할머니가 마을 제사에 암탉을 내놓기로 함.
> ↓
> 암탉이 병아리들에게 이별을 알리며 슬피 욺.
> ↓
> (?   )
> ↓
> 암탉과 병아리들이 무지개를 타고 하늘로 올라가 별이 됨.

전설

읽어 보아요

44 톰과 구두 요정

톰은 온종일 뒹굴뒹굴하다가 가끔 숲에 나오는 **게으름뱅이**예요. 하루는 숲속을 어슬렁거리다가 어린아이처럼 키가 작은 구두 요정을 만났어요. 톰은 구두 요정을 번쩍 들어 올리고 **을러댔어요.**

"네 황금을 내게 줘. 부자가 되면 일을 안 해도 되거든."

구두 요정은 발버둥쳐도 소용이 없자, 황금이 있는 곳을 알려 주겠다며 따라오라고 했어요. 둘은 숲을 지나고 내를 건넜어요. 마침내 노란 꽃이 가득 핀 들판에 도착하자 구두 요정이 우뚝 멈춰 섰어요.

"이 노란 꽃 아래에 **황금 단지**를 묻어 두었어."

톰은 구두 요정 발밑에 있는 노란 꽃에 파란 손수건을 묶어 표시를 해 두었어요. 구두 요정에게는 절대로 손수건을 풀지 말라고 이르고 삽을 가지러 집으로 달려갔지요.

그런데 삽을 들고 온 톰은 들판을 보고 깜짝 놀랐어요. 구두 요정은 사라지고, 톰이 묶어 둔 손수건과 똑같은 파란 손수건이 수많은 꽃에 묶여 있는 게 아니겠어요? 구두 요정이 똑같은 손수건을 들판의 모든 꽃에 묶어 둔 거예요. 톰은 황금 단지가 묻힌 곳이 어디인지 알 길이 없어 그 자리에 털썩 주저앉고 말았답니다.

을러대다 위협적인 말과 행동으로 남을 억누르다.

> 풀어 보아요

1. 구두 요정은 황금 단지를 어디에 묻어 두었나요?

   _____

2. 톰에 대한 설명으로 맞으면 O, 틀리면 X 표시를 하세요.

   (1) 온종일 방에서 뒹굴다 어쩌다 밖에 나오는 게으름뱅이예요. (   )

   (2) 부자가 되고 싶어 구두 요정에게 황금을 내놓으라고 강요했어요. (   )

   (3) 황금 단지를 묻어 둔 자리에 핀 파란 꽃에 노란 손수건을 묶어 표시했어요. (   )

3. '을러대다'의 쓰임으로 올바른 것을 고르세요.

   ① 우리는 서로 좋다고 을러대며 장난을 쳤어요.

   ② 아버지는 아기를 을러대며 귀여워했어요.

   ③ 동네 아이들은 그 꼬마를 오줌싸개라고 을러댔어요.

   ④ 명수는 을러대거나 야단을 맞아도 말을 듣지 않았어요.

4. 앞 이야기의 줄거리를 정리할 때 아래 빈칸에 들어갈 알맞은 내용을 써 보세요.

   | 톰이 구두 요정을 만나 황금을 달라고 강요함. |
   | ↓ |
   | 구두 요정이 들판으로 데려가 황금 단지를 묻은 곳을 알려 줌. |
   | ↓ |
   | 톰이 노란 꽃에 파란 손수건을 묶어 표시하고 삽을 가지러 감. |
   | ↓ |
   | (?   ) |
   | ↓ |
   | 황금 단지의 위치를 알 수 없는 톰은 기운이 빠져 주저앉음. |

전설

> 읽어 보아요

45 강가의 노랫소리

어느 마을의 예쁜 여자가 강가에서 잘생긴 남자를 만났어요. 여자는 남자가 마음에 들어 그와 결혼하고 싶다고 했어요. 그러자 남자가 말했어요.

"저는 강에 사는 물고기랍니다. 잠깐 **요술**을 부려 물 위로 올라왔을 뿐이에요."

여자는 상관없다고 했어요. 여자의 진실한 마음에 감동한 남자는 약속했어요.

"당신이 강가에서 노래를 부르면 물 위로 올게요."

둘은 날마다 **노을** 진 강가에서 사랑을 속삭였어요. 행복한 둘의 모습은 그림처럼 아름다웠어요. 하지만 이 사실을 알게 된 여자의 아버지는 **노발대발**했어요. 아버지는 다른 사람을 강가에 데려가 노래를 부르게 했어요. 때마침 물고기가 물 위로 올라오자, 창으로 찔러 죽였답니다.

여자는 강가에 나가 슬피 울며 노래를 불렀어요. 하지만 남자는 나오지 않고 강물만 핏빛으로 변했어요. 여자는 슬픔에 젖어 강물에 뛰어들었어요. 그 후 사람들은 가끔 강가에서 슬픈 노랫소리를 들을 수 있었답니다.

낱말풀이

노발대발 몹시 화가 나서 펄펄 뛰며 성을 냄.

> 풀어 보아요

1. 물고기는 어떻게 청년으로 변해 물 위로 올라왔나요?

   _____

2. 앞 이야기의 중심 내용은 무엇인가요?

   ① 사람과 물고기의 사랑은 이루어지지 않아요.
   ② 여자와 물고기의 아름답지만 슬픈 사랑 이야기예요.
   ③ 사랑을 이루려면 험난한 과정을 겪어야 해요.
   ④ 가족들의 허락을 얻어야 사랑을 이룰 수 있어요.

3. '노발대발'의 쓰임으로 알맞은 것을 고르세요.

   ① 명수는 글씨를 노발대발 썼어요.
   ② 선생님은 아이들을 보고 노발대발 칭찬했어요.
   ③ 우리는 노발대발 걸으며 노래를 불렀어요.
   ④ 거리에서 어떤 사람이 노발대발하고 있었어요.

4. 앞 이야기의 줄거리를 정리할 때 아래 빈칸에 들어갈 알맞은 내용을 써 보세요.

   | 여자가 인간으로 변한 물고기를 사랑함. |
   ↓
   | 여자와 물고기가 강가에서 사랑을 속삭임. |
   ↓
   | 여자의 아버지가 그 사실을 알고 창으로 물고기를 찔러 죽임. |
   ↓
   (?   )

쑥쑥 쏙쏙 문해력 완성 ❼

낱말 보고 문장 만들기

1. 다음 〈보기〉의 낱말이 들어가는 문장 3개를 만들어 보세요.

〈보기〉	길

2. 다음 〈보기〉의 낱말이 모두 들어가는 문장 3개를 만들어 보세요.

〈보기〉	길	등대

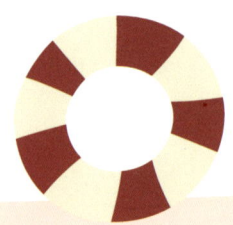

3. 다음 〈보기〉의 낱말이 모두 들어가는 문장 3개를 만들어 보세요.

| 〈보기〉 | 길 | 등대 | 희망 |

정답

01 1. 고조선 2. ③ 3. (1) × (2) ○ (3) ○ (4) × 4. (1) 인간 (2) 쑥과 마늘

02 1. 금와왕 2. ④ 3. ①-ㄴ, ②-ㄷ, ③-ㄱ 4. (1) 졸본 (2) 고구려

03 1. 유리 2. (1) ○ (2) × (3) × (4) ○ 3. ③ 4. 위례성

04 1. (1) ○ (2) × (3) ○ (4) × 2. ③ 3. (1) 혁거세 (2) 신라 4. ④

05 1. 거북아 거북아 2. (1) ○ (2) ○ (3) ○ (4) × 3. ④ 4. 아유타국

06 1. ② 2. ①-ㄷ ②-ㄱ ③-ㄴ 3. 팽이치기, 널뛰기, 윷놀이, 연날리기 4. ④

07 1. ④ 2. 밤, 은행, 호두, 땅콩 3. 빨간색-쌀, 팥, 보리, 수수, 조 파란색-오이, 버섯, 무, 고사리, 호박 4. (1) 부럼 (2) 쥐불놀이 (3) 달집 (4) 귀밝이술

08 1. 수리, 수릿날 2. (1) × (2) ○ (3) ○ (4) × 3. ①-ㄷ, ②-ㄴ, ③-ㄱ 4. 물맞이

09 1. 한가위, 중추절 2. 송편, 강강술래, 줄다리기 3. ③ 4. 더도 말고 덜도 말고 늘 한가윗날만 같아라.

10 1. 작은설 2. 동지 팥죽 3. ② 4. ①-ㄷ, ②-ㄴ, ③-ㄱ

11 1. (1) ○ (2) ○ (3) × 2. 사람답게 살 권리, 선거를 할 권리, 행복을 누리며 살 권리 3. ④ 4. (1) 히틀러 (2) 무솔리니

12 1. 선거 2. ② 3. ①-ㄷ, ②-ㄱ, ③-ㄹ, ④-ㄴ 4. 시장, 대통령, 구청장, 도지사,

군수, 국회 의원

13 1. 천부인권 2. ③ 3. ①-ㄷ, ②-ㄱ, ③-ㄹ, ④-ㄴ 4. 차별

14 1. 의원 내각제 2. ① 3. ①-ㄴ, ②-ㄷ, ③-ㄱ 4. 삼권 분립

15 1. 민심 2. 텔레비전, 라디오, 인터넷 3. ① 4. 민주주의 사회

16 1. 청년들을 잘못된 길로 빠지게 한 죄, 아테네가 믿는 신을 믿지 않은 죄
2. (1) × (2) ○ (3) ○ (4) × 3. ④ 4. 무지

17 1. ③ 2. 마케도니아 3. (1) ○ (2) ○ (3) × (4) × 4. ④

18 1. 묘지 근처 → 시장 근처 → 서당 근처 2. ② 3. 맹자의 어머니가 맹자의 교육을 위해 세 번이나 이사를 했음을 이르는 말 4. (1) ○ (2) × (3) × (4) ×

19 1. 알라신 2. 순종하다, 마호메트, 하디자, 가브리엘 3. ①-ㄷ, ②-ㄴ, ③-ㄱ
4. ①

20 1. ④ 2. 석가모니, 마야 부인, 보리수나무, 룸비니 3. 생로병사 4. 불교

21 1. ② 2. 들판, 단풍나무, 돛단배, 비행기, 놀이공원 3. 행복 사진관
4. (1) 우체국 (2) 소방서

22 1. 전통 시장 2. (1) ○ (2) ○ (3) × (4) × 3. ④ 4. 세탁소, 영화관, 미용실

115

23 1. 자급자족 2. ③ 3. 동전 4. (1) ○ (2) ○ (3) ○ (4) ×

24 1. (1) 신사임당 (2) 세종 대왕 (3) 율곡 이이 (4) 퇴계 이황 2. ①-ⓒ, ②-ⓓ, ③-ⓛ, ④-ⓐ 3. ③ 4. 엘리자베스 2세 여왕

25 1. ④ 2. ①-ⓒ, ②-ⓜ, ③-ⓛ, ④-ⓗ, ⑤-ⓐ, ⑥-ⓡ 3. 환율 4. 100달러

26 1. 고분 벽화 2. (1) ○ (2) ○ (3) × (4) ○ 3. ④ 4. 불교

27 1. 묘지석 2. (1) × (2) ○ (3) ○ 3. 돌짐승, 금귀고리, 은팔찌, 금동 신발, 관장식 4. (1) 중국 (2) 장신구

28 1. (1) 태종 무열왕 (2) 신문왕 2. (1) ○ (2) × (3) ○ 3. ① 4. (1) 이견대 (2) 감은사

29 1. 김대성 2. (1) ○ (2) ○ (3) × 3. ③ 4. (1) 다보탑 (2) 석가탑(또는 불국사 3층 석탑)

30 1. 부처님의 힘으로 외적을 물리치려고 2. ② 3. (1) ○ (2) ○ (3) ○ (4) × 4. (1) 몽골 (2) 장경판전

31 1. 프로메테우스 2. ④ 3. (1) ○ (2) × (3) ○ (4) × 4. 인간을 불쌍히 여긴 프로메테우스가 불을 훔쳐다 인간에게 줌.

32 1. 뱀 2. ①-ⓒ, ②-ⓐ, ③-ⓡ, ④-ⓛ 3. ① 4. (1) 아폴론 (2) 하데스

33 1. 양아버지인 실레노스를 잘 대해 준 보답으로 2. ①-ⓛ, ②-ⓒ, ③-ⓐ 3. ③ 4. 파크톨루스강

34 1. 사람 2. (1) ○ (2) × (3) ○ (4) × 3. ③ 4. 오이디푸스

35 1. 거미 2. ①-ⓒ, ②-ⓐ, ③-ⓛ 3. ④ 4. 아테나 여신이 용서를 빌라고 했지

만 아라크네는 오히려 큰소리를 침.

36 1. 수선화 2. ①-ㄴ, ②-ㄷ, ③-ㄱ 3. (1) ○ (2) × (3) × (4) ○ 4. ③

37 1. 물의 요정 2. ① 3. (1) ○ (2) × (3) ○ (4) × 4. 슬픔에 빠진 프리지어도 나르키소스를 따라 죽음.

38 1. 별이 없어지기를 바란 것은 자기가 없어지기를 바란 것과 같다고 여겨서 2. (1) ○ (2) × (3) ○ 3. ③ 4. (1) 아르테미스 (2) 달맞이꽃

39 1. 페르시아 2. (1) ○ (2) × (3) × 3. ② 4. 채송화

40 1. 알프스 2. (1) × (2) ○ (3) ○ (4) × 3. ①, ④ 4. 스위스, 오스트리아

41 1. 두루미 2. (1) ○ (2) × (3) ○ 3. ① 4. 두루미는 날아가고, 젊은이는 후회의 눈물을 흘림.

42 1. 물고기 2. (1) ○ (2) × (3) ○ 3. ③ 4. 물고기 신령

43 1. 제물 2. (1) ○ (2) ○ (3) × 3. ② 4. 끓는 물에 암탉을 넣는 순간 병아리들이 따라서 뛰어듦.

44 1. 파란 손수건을 묶어 둔 노란 꽃 아래 2. (1) ○ (2) ○ (3) × 3. ④ 4. 돌아와 보니 들판의 모든 노란 꽃에 똑같은 파란 손수건이 묶여 있음.

45 1. 요술을 부려서 2. ② 3. ④ 4. 강물이 핏빛으로 변하고, 아가씨는 슬픔에 젖어 강물에 뛰어듦.

쑥쑥 쏙쏙 문해력 완성 정답

1. 가로세로 낱말 퍼즐

¹고	조	선		²아	유	타	국
구				사			
려				달			
							⁸하
				⁶환	⁷웅		남
³해		⁵동			녀		위
모		명					례
⁴수	로	왕				⁹백	성

2. 주사위 놀이

설날→단오부채→송편→[1칸 뒤로]→부럼→씨름→동지→추석→가래떡→성묘→수리(수릿날)→설빔→대보름→[1칸 앞으로]→팥죽→한가위→쥐불놀이→강강술래→떡국→연→덕담→[2칸 뒤로]→동지

3. 색칠하기

1   둥둥, 땡땡, 달그락달그락, 꼬꼬댁, 꾀꼴꾀꼴, 지지배배, 아삭아삭, 우당탕

2   뒤뚱뒤뚱, 초롱초롱, 아장아장, 건들건들, 새록새록, 올망졸망, 팔랑팔랑, 길쭉길쭉

4. 끝말잇기

1   예 학생→생각→각오→오이→이발→발명→명중→중국→국가→가족→족구→구멍→멍석→석유→유자→자라

2　　예 비행기→기찻길→길잡이→이발소→소방서→서대문→문방구→구구법→법학자→자서전→전화기→기술자→자전거→거짓말→말모이→이름표→표준어

5. 그림으로 알아보는 속담

원숭이, 나무

토끼, 하나

6. 집 찾아가기

도서관→중학교→태권도장→은행→편의점→지하철역→서점→문방구→초등학교→분식집→미용실→세탁소→꽃집→소방서→우체국→가구점→병원→약국→놀이터

7. 낱말 보고 문장 만들기

1　　예 나는 길에서 강아지를 만났어요.

2　　예 바다로 가는 길 끝에 등대가 있어요.

3　　예 등대는 뱃길을 비추어 주는 희망의 등불이에요.

쏙쏙 문해력 퀴즈 ❶

초판 1쇄 발행 2023년 5월 29일

글쓴이 김현 | **펴낸이** 이수빈
총괄본부장 김영숙 | **마케팅** 고예찬 | **경영지원** 손향숙

펴낸곳 주식회사 파란등대
주소 경기도 파주시 심학산로 628, 814호
전화 (031)942-5379 | **팩스** (031)942-5378
홈페이지 yellowpig.co.kr | **인스타그램** @bluelighthouse_pub
등록번호 제2021-000038호 | **등록일자** 2021년 3월 22일

ISBN 979-11-92277-21-9 73700

* 이 책의 그림과 글의 일부 또는 전부를 재사용하려면 반드시 주식회사 파란등대의 동의를 얻어야 합니다.
* 값은 표지 뒷면에 있습니다.
* 책 모서리가 날카로우니 던지거나 떨어뜨리지 마세요.

 파란등대는 널따란 바다에서 길을 찾게 도와주는,
지식의 길잡이와 같은 책을 펴냅니다.